essentials

essentials liefern aktuelles Wissen in konzentrierter Form. Die Essenz dessen, worauf es als „State-of-the-Art" in der gegenwärtigen Fachdiskussion oder in der Praxis ankommt. *essentials* informieren schnell, unkompliziert und verständlich

- als Einführung in ein aktuelles Thema aus Ihrem Fachgebiet
- als Einstieg in ein für Sie noch unbekanntes Themenfeld
- als Einblick, um zum Thema mitreden zu können

Die Bücher in elektronischer und gedruckter Form bringen das Expertenwissen von Springer-Fachautoren kompakt zur Darstellung. Sie sind besonders für die Nutzung als eBook auf Tablet-PCs, eBook-Readern und Smartphones geeignet. *essentials:* Wissensbausteine aus den Wirtschafts-, Sozial- und Geisteswissenschaften, aus Technik und Naturwissenschaften sowie aus Medizin, Psychologie und Gesundheitsberufen. Von renommierten Autoren aller Springer-Verlagsmarken.

Weitere Bände in dieser Reihe http://www.springer.com/series/13088

Tanja Wolf

Rechtspopulismus

Überblick über Theorie und Praxis

Tanja Wolf
Universität Würzburg
Würzburg, Deutschland

ISSN 2197-6708   ISSN 2197-6716   (electronic)
essentials
ISBN 978-3-658-16970-1   ISBN 978-3-658-16971-8   (eBook)
DOI 10.1007/978-3-658-16971-8

Die Deutsche Nationalbibliothek verzeichnet diese Publikation in der Deutschen Nationalbibliografie; detaillierte bibliografische Daten sind im Internet über http://dnb.d-nb.de abrufbar.

Gedruckt auf säurefreiem und chlorfrei gebleichtem Papier

Springer VS ist Teil von Springer Nature
Die eingetragene Gesellschaft ist Springer Fachmedien Wiesbaden GmbH
Die Anschrift der Gesellschaft ist: Abraham-Lincoln-Str. 46, 65189 Wiesbaden, Germany

Für Fred, den Besten.

Was Sie in diesem *essential* finden können

- Eine porträtierende Bestandsaufnahme der ersten populistischen Bewegungen in Russland, den USA und Argentinien
- Eine umfassende Erläuterung des (Rechts-)Populismuskonzepts, seiner Merkmale und Unzulänglichkeiten
- Eine drei-stufige Rechtspopulismusdefinition
- Eine Charakterisierung von AfD und PVV
- Eine Verortung von AfD und PVV in Hinblick auf das Konzept von Rechtspopulismus

Inhaltsverzeichnis

Einführung: Populismus und/oder Politik?! 1

Der Populismusbegriff ist seit geraumer Zeit in aller Munde. Medien berichten über Populisten und der von ihnen drohenden Gefahr. Politiker verwenden den Begriff als Schimpfwort und diskutieren den Umgang mit Populisten. Wissenschaftler scheitern seit Jahrzehnten an einer einheitlichen Begriffsdefinition und die Bürger sind verunsichert. Währenddessen schießen populistische Parteien in Europa wie Pilze aus dem Boden und verzeichnen beachtliche Wahlergebnisse: In Frankreich und Großbritannien sind *Front National* (FN) und *United Kingdom Independent Party* (UKIP) mittlerweile zu fest etablierten Größen im Parteiensystem geworden und in Österreich und den Niederlanden waren die *Freiheitliche Partei Österreichs* (FPÖ) und die *Partij voor de Vrijheid* (PVV) sogar schon an der Regierung beteiligt (Hartleb 2005, S. 6; Stöss 2014, S. 5).

Spätestens seit der *Alternative für Deutschland* (AfD) ist man sich einig, dass nun auch Deutschland von diesem ‚rechtspopulistischen Trend‘ erfasst wurde. Gleichzeitig ist dieser Begriff hier nicht ausschließlich der AfD vorbehalten. So wird etwa der *Christlich Sozialen Union* (CSU) regelmäßig Populismus vorgeworfen (vgl. Handelsblatt, 7.10.2011; SWR Fernsehen, 8.9.2016). Andere verweisen wiederum darauf, dass Populismus heutzutage ein notwendiges Stilmittel sei, welche jegliche Art einer der Medienlogik folgende Kommunikation beschreiben würde (Diehl 2012). Und hin und wieder wird ‚populistisch‘ sogar als Auszeichnung verstanden[1].

Was ist nun also (rechts-)populistisch? Ist es eine Kommunikationsform, der sich jeder erfolgreiche Redner bedient? Ist es eine Beleidigung, eine Auszeichnung oder ein neutraler Analysebegriff? Durch welche Charakteristika zeichnet er sich aus?

---

[1] „Wem die Volkssouveränität etwas bedeutet, den sollte die Beschimpfung als ‚Populist‘ mit Stolz erfüllen" (Egon Flaig nach Weyh 2014).

© Springer Fachmedien Wiesbaden GmbH 2017
T. Wolf, *Rechtspopulismus,* essentials,
DOI 10.1007/978-3-658-16971-8_1

Und was unterscheidet Populismus vom – in Europa vorherrschenden – Rechtspopulismus? All diese Fragen sollen im vorliegenden Band beantwortet werden.

Zu Beginn wird ein historischer Überblick über die bedeutsamsten populistischen Parteien und Bewegungen gegeben. Anschließend wird versucht den Begriff des Rechtspopulismus mittels eines dreistufigen Konzeptes möglichst umfassend zu definieren. Darauf aufbauend werden danach einige zentrale Eigenschaften rechtspopulistischer Parteien sowie deren Bedeutung für die jeweilige Partei hervorgehoben. Abschließend werden mit der niederländischen PVV und der AfD zwei empirische Fallbeispiele vorgestellt.

Aufgrund der begrifflichen Unschärfe werden unterschiedlichste aktuelle Gruppen, Ideologien und Phänomene als populistisch bezeichnet (Albertazzi und McDonnell 2008, S. 2 f.; Canovan 1989, S. 4–8; Decker 2006, S. 12; Klein 2011, S. 17; Puhle 1986, S. 12; Rensmann 2006, S. 62). „Alle Versuche, das Phänomen des Populismus auf den Begriff zu bringen, haben immer wieder gezeigt, dass es zu komplex, kontextabhängig und veränderlich ist, um in knappen Definitionen erfasst werden zu können" (Meyer 2006, S. 81). Da bisher jeglicher Versuch einer einheitlichen Definition gescheitert ist (von Beyme 2013, S. 48), wird dieser Begriff heute nicht nur in den Medien, sondern auch in der Wissenschaft inflationär verwendet und ist daher negativ konnotiert. Der Populismusbegriff kann – je nach Kontext – sowohl eine Ideologie, als auch ein politisches Stilmittel bzw. eine Herrschaftstechnik beschreiben (Decker 2000, S. 25; Hartleb 2005, S. 9).

Bevor der Populismusbegriff definiert werden kann, ist es sinnvoll, sowohl die Ursprünge des Begriffs, als auch des darunter verstandenen Phänomens näher zu betrachten:

Während über die genaue Bedeutung des Begriffs Uneinigkeit besteht, sind zumindest die Wurzeln des Populismus und die Wortherkunft unumstritten: Der Begriff Populismus stammt vom lateinischen Wort *populus* ab, welches Volk bedeutet und in der römischen Republik die Gesamtheit der erwachsenen Bürger bezeichnete. Im römischen Verständnis gehörten dementsprechend sowohl die Patrizier, als auch die Plebejer dem *populus* an (Hartleb 2005, S. 10, 2014, S. 11 f.; Link 2008, S. 22; Thommen 2008, S. 31). Die Plebejer, also der *plebs,* war die „Masse der einfachen Leute" (Lucardie 2011, S. 22). Dies zeigt, wie unterschiedlich das Verständnis von Volk im ursprünglichen lateinischen Sinne und im heutigen populistischen Sinne ist: Während die einfachen Leute lediglich einen Teil des römischen Volkes ausmachten, setzt der heutige Populismus das Volk nicht mit dem *populus,* sondern mit dem *plebs* gleich.

Populistische Bewegungen nach dem heutigen Verständnis traten erstmals ab der zweiten Hälfte des 19. Jahrhunderts auf. Sie entstanden als Antwort auf den Wandel von der industriellen zur postindustriellen Gesellschaft, also auf die Entwicklungen der modernen Welt (Puhle 1986, S. 15). Das erstmalige Aufkommen von populistischen Gruppierungen ist folglich zeitlich relativ klar eingrenzbar, weit weniger eindeutig ist hingegen welche Strömungen und Bewegungen dem Populismus zuzurechnen sind (Decker 2013a, S. 26).

An dieser Stelle sollen die ältesten bzw. bedeutsamsten populistischen Bewegungen in den USA, Russland und Lateinamerika kurz vorgestellt werden: Wissenschaftlicher Konsens ist, die russischen *Narodniki* und die US-amerikanische *People's Party* als die frühesten populistischen Organisationen zu benennen,

© Springer Fachmedien Wiesbaden GmbH 2017
T. Wolf, *Rechtspopulismus,* essentials,
DOI 10.1007/978-3-658-16971-8_2

obwohl diese beiden Gruppierungen wenig gemeinsam hatten (Bauer 2014, S. 5; Canovan 1981, S. 5; Decker 2013a, S. 26; Puhle 1986, S. 15). Der lateinamerikanische Populismus – insbesondere Perón in Argentinien – gilt hingegen als Prototyp von Populismus als Massenphänomen (vgl. Conniff 1999).

Die Anfänge des Populismus in den Vereinigten Staaten sind im landwirtschaftlichen Bereich zu finden: Der amerikanische Agrarpopulismus war eine Massenbewegung der sich zunächst 1874 in der Geheimorganisation *National Grange* bzw. 1877 in der *Texas Alliance* formierte, aus welcher kurze Zeit später die *Farmers' Alliance* hervorging (Puhle 1986, S. 15 f.; Taggart 2000, S. 26–32; Unger 2008, S. 70). Ziel dieser Allianz war es, sich gegen die Preisdiktate durch Händler und Banken zur Wehr zu setzen, da die US-amerikanischen Farmer empfindlich unter den finanziellen und ökonomischen Folgen des Bürgerkriegs litten (Goodwyn 1978, S. 11 ff.). Als man schließlich feststellen musste, dass weder Demokraten noch Republikaner Verständnis für die Forderungen hatten, da beide bereits fest in den Händen von Bankern und Industriellen waren, wurde eine andere Möglichkeit zur Interessensartikulation benötigt. So wurde schließlich 1891/1892, zusammen mit Funktionären von radikalen Arbeiterorganisationen eine neue Partei, die *People's Party* bzw. *Populist Party*[1], gegründet. Die Mitglieder nannten sich selbst Populisten um zu unterstreichen, dass sie – im Gegensatz zu Republikanern und Demokraten – die Interessen der ‚kleinen‘ Leute vertreten und diese auch gegen Banken, Monopolisten und Großindustrielle verteidigen wollen. Bei den Präsidentschaftswahlen 1892 erhielt die People's Party etwas mehr als eine Million von insgesamt 11,5 Mio. Stimmen (Goodwyn 1978, S. 9 ff., 16; Hartleb 2014, S. 13; Puhle 1986, S. 16 f.; Taggart 2000, S. 25–30; Unger 2008, S. 70 ff.).

Die russische *Narodniki,* welche auch ‚Volkstümler‘ genannt werden, waren hingegen keine Volksbewegung im Sinne der US-amerikanischen *People's Party;* ihnen fehlten sowohl ein einheitliches Programm, als auch eine Organisation. Vielmehr handelte es sich um eine Gruppe junger Intellektueller, die – einem Aufruf Alexander Herzens folgend – im Jahr 1874 von den Städten aufs Land zogen, um die dortige Bevölkerung von ihren revolutionären Ideen zu überzeugen (Laclau 1979, S. 144; Taggart 2000, S. 46, 51). Ähnlich wie bei der *People's Party* ist auch *Narodniki* als Name strategisch gewählt, da er zum einen den Bezug zum Volk und zum anderen eine gewisse demokratische Grundlage suggerieren soll. Im Gegensatz zur *Populist Party* sahen die Volkstümler nicht nur in der Obrigkeit, also dem Zarentum, sondern auch im Kapitalismus eine Bedrohung

---

[1]Andere sprechen nicht von der *Populist Party,* sondern von dem *Populist movement* (vgl. Taggart 2000).

ihrer Gemeinschaft (Hartleb 2014, S. 14; Pfahl-Traughber 1994a, S. 17; Puhle 1986, S. 15–20; Taggart 2000, S. 48). Sie romantisierten das Landleben, wollten zur alten Agrargesellschaft zurückkehren und waren davon überzeugt, dass die Bauern und einfachen Arbeiter die Zukunft des Russischen Reiches darstellten. Nachdem der Zar viele Anhänger der Bewegung inhaftieren lies, wandten sich die *Narodniki* von den Bauern ab und setzen ihre revolutionären Hoffnungen auf den Terrorismus (Pfahl-Traughber 1994a, S. 17; Taggart 2000, S. 46–53).

Während die populistischen Bewegungen der USA und Russlands Phänomene des 19. Jahrhunderts sind, entstand der lateinamerikanische Populismus erst im 20. Jahrhundert, war jedoch ungleich erfolgreicher. Eines der ersten und zugleich das wohl am herausragenste Beispiel dafür ist der argentinische Populismus: Juan Domingo Perón, dem von Anhängern und Feinden gleichermaßen ein herausragendes Charisma bescheinigt wurde, ergriff 1943 zusammen mit einer Gruppe weiterer Militärs die Regierungsmacht. Aufgrund einer Italienreise in den 30er Jahren wusste Perón um die Bedeutung der Massenunterstützung, weshalb er kurz darauf begann, die politische Macht in seiner Person zu konzentrieren und gleichzeitig die Arbeiterschaft und Gewerkschaften durch Lohnerhöhungen usw. geschickt an sich zu binden (Horowitz 1999, S. 29; Laclau 1978, S. 144; Taggart 2000, S. 59–62; de la Torre 2015, S. 7). Trotz – oder gerade wegen – seiner ständig steigenden Popularität wurde er bei anderen gesellschaftlichen Gruppen immer unbeliebter, weshalb er schließlich im Oktober 1945 vom Militär abgesetzt und inhaftiert wurde. Kurz darauf kam es zu Ausschreitungen und einem Generalstreik, was erst durch die Aufgabe des Militärs beendet werden konnte. Perón wurde so der Weg zur Kandidatur für die Präsidentschaftswahlen geebnet, welche er im Februar 1946 schließlich auch gewann (Horowitz 1999, S. 31 ff.; Taggart 2000, S. 59–63). Er bemühte sich auch in den nächsten Jahren, die breite Masse der Arbeiter immer enger an sich zu binden und schaffte dies schließlich insbesondere durch seine Ehe mit Eva Duerte: Während Peróns Auftreten immer stärker von seiner Rolle als Präsident geprägt wurde, inszenierte sich Evita, wie sie vom Volk genannt wurde, zunehmend volksnah, engagiert und mitfühlend. Sie wusste um die Bedeutung der Massenmedien und wurde aufgrund ihrer geschickten Inszenierung schließlich zum „Star der Radionovelas" (Diehl 2012, S. 20). Dies trug mitunter sicherlich dazu bei, dass sich die Wirkung des Perón'schen Charismas über die Jahre kaum abnutzte (Horowitz 1999, S. 35). Der Peronismus als Form des Populismus war nicht nur durch das immense Charisma Juan Peróns und seiner geschickten Selbstinszenierung geprägt, sondern auch durch massive soziale Reformen, eine klassenübergreifende Unterstützerbasis und einen tendenziellen Autoritarismus (Horowitz 1999, S. 33; Taggart 2000, S. 63 ff.; de la Torre 2015, S. 8).

Selbstverständlich könnten an dieser Stelle noch viele weitere Beispiele von populistischen Strömungen in der Geschichte genannt werden. Die drei hier skizzierten finden jedoch nicht nur am häufigsten Erwähnung, sondern prägen in dieser Kombination auch unser heutiges Verständnis von Populismus: So kann Populismus grundsätzlich eine parteiförmige Graswurzel-Bewegung wie die *People's Party*, eine theoretische Strömung wie die russischen *Narodniki* oder aber eine Regimeausgestaltung wie im Falle des Peronismus sein. Allerdings verdeutlichen diese historischen Beispiele nicht nur, dass es verschiedenste Spielarten von Populismus gibt, sondern auch was seine zentralen Wesensmerkmale sind: So ist der Bezug zum Volk, das häufig als die Masse der einfachen Leute verstanden wird ebenso zentral wie dessen eindeutige – und teilweise schon konfrontative – Abgrenzung von der Elite oder die charismatische Strahlkraft des Anführers.

Populismus in der heutigen Zeit   3

Es ist bereits deutlich geworden, dass bis heute Uneinigkeit darüber besteht, was Populismus denn nun schlussendlich ist, welche Wesensmerkmale ihn definieren und welche realen Phänomene ihm zuzurechnen sind. Dementsprechend wurden bereits viele Versuche unternommen Populismus zu definieren (Albertazzi und McDonnell 2008, S. 2 f.; Canovan 1989, S. 4–8; Decker 2006, S. 12; Klein 2011, S. 17; Puhle 1986, S. 12; Rensmann 2006, S. 62). „Alle Versuche, das Phänomen des Populismus auf den Begriff zu bringen, haben immer wieder gezeigt, dass es zu komplex, kontextabhängig und veränderlich ist, um in knappen Definitionen erfasst werden zu können" (Meyer 2006, S. 81). Daher wird der Begriff heute nicht nur in den Medien, sondern auch in der Wissenschaft inflationär verwendet und dadurch seiner begrifflichen Schärfe beraubt.

Grundsätzlich besteht eine Kontroverse darüber, ob es sich beim Populismus nun ausschließlich um einen Politikstil (vgl. Dubiel 1986; Pfahl-Traughber 1994), um eine – mehr oder weniger umfassende – Ideologie (vgl. Albertazzi und McDonnell 2008; Mudde 2004) oder eine Kombination dieser beiden Elemente (vgl. Decker 2000; Hartleb 2005; Rensmann 2006) handelt. Schließlich gilt es in der Konsequenz auch zu fragen, was denn nun eigentlich Rechtspopulismus ist, wobei die Antwort auf diese Frage grundsätzlich vom eigenen Verständnis von Populismus als Grundkonzept abhängt.

Da all diese Verständnisarten von Populismus ihre Daseinsberechtigung haben und eine Definition von Populismus notwendig ist um Rechtspopulismus definieren zu können, soll Folgenden eine (Rechts-)populismusdefinition vorgestellt werden, die die verschiedenen Verständnisformen berücksichtigt. Demnach ist Populismus in seiner einfachsten Form zunächst nichts weiter als ein rhetorisches Stilmittel, welches mit Komplexitätsreduktion, Schwarz-Weiß-Malerei und Vereinfachungen arbeitet. Wenn dieser rhetorische Stil jedoch mit einer provokativen Konfrontation

© Springer Fachmedien Wiesbaden GmbH 2017
T. Wolf, *Rechtspopulismus*, essentials,
DOI 10.1007/978-3-658-16971-8_3

von Volk und Elite kombiniert wird, entsteht die ‚dünne' populistische Ideologie. Sobald zusätzlich das eigene Volk, die eigene Nation von den Fremden, den Anderen bzw. den Ausländern abgegrenzt wird, handelt es sich um Rechtspopulismus (Wolf 2016a, S. 158).

3.1 Populismus als rhetorischer Stil

Populismus ist also zunächst lediglich ein rhetorisches Stilmittel, welches als solches im westeuropäischen Parteiensystem bei beinahe allen Politikern zu finden ist (Collier et al. 2006, S. 212; Decker 2000, S. 27; Rensmann 2006, S. 71 f.). Dementsprechend ist auch der häufig geäußerte Vorwurf, der jeweilige politische Gegner sei populistisch, nicht ganz aus der Luft gegriffen.

Auf der Ebene des rhetorischen Stils meint Populismus ein gewisses sprachliches Geschick sowie die Fähigkeit, Sprache und Inhalt stets am Publikum und dessen Wünschen auszurichten. Dem Bürger soll gezeigt werden, dass der jeweilige Politiker sich dem Volk zugehörig fühlt und dementsprechend auch Verständnis für dessen Sorgen und Ängste hat. In diesem Sinne ist Populismus für alle Parteien und Politiker, welche am demokratischen Meinungsaustausch mitwirken, unverzichtbar (Canovan 1981, S. 286; Hartleb 2005, S. 9 f.; Jeschke 2012, S. 14).

Zu den hervorstechendsten rhetorischen Merkmalen gehört, dass Populisten kaum ein umfassendes politisches Programm haben, welches sich auf grundlegende Werte und Einstellungen stützt. Vielmehr orientieren sich populistische Forderungen an dem, was das Publikum hören möchte. Hierdurch vermeidet der Populist das Risiko, seine eigene, – womöglich – unpopuläre Meinung zu äußern. Durch diese starke inhaltliche Flexibilität versucht der Populist, sich als Vertreter der *vox populi,* also als Stimme des Volkes zu präsentieren (Mudde 2008a, S. 13; Pehe 2012, S. 93). Im Namen des Volkes weist der Populist des Weiteren ständig auf die Fehler und Makel der politischen Führung hin. Der Artikulation seiner Anti-Position folgen jedoch nie realistische Alternativen oder konstruktiven Lösungsansätze (Fröhlich-Steffen 2006, S. 147; Meyer 2006, S. 81 f.).

Weiterhin gehören Halbwahrheiten und starke Vereinfachungen, wie etwa das dichotome Freund-Feind-Schema, zum grundlegenden Handwerkszeug eines Populisten. Diese Elemente werden geschickt mit weit verbreiteten Vorurteilen verknüpft um sie überzeugender und möglichst eingänglich zu machen (von Beyme 2013, S. 53; Decker 2000, S. 52; Jeschke 2012, S. 14; Mastropaolo 2008, S. 34; Pfahl-Traughber 1994a, S. 18 f.; Rensmann 2006, S. 66). Zusätzlich gehören Provokationen und Tabubrüche ebenso zu den klassischen Stilmitteln der Populisten wie Emotionalisierung und Angstmache. „Während sie einerseits immerwährendes

Verderben predigen, bieten sie gleichzeitig die Erlösung"[1] (Albertazzi und McDonnell 2008, S. 5). Populistische Rhetorik übersteigert Probleme also nicht nur, sondern offeriert gleichzeitig auch die einzig richtige Lösung (Decker 2000, S. 51 f.; Rensmann 2006, S. 66). Zur Veranschaulichung wird in diesem Kontext häufig das – äußerst treffende – Bild der Stammtischrunde verwendet: Halbwahrheiten und Vermutungen werden unreflektiert als Fakten präsentiert, man traut sich radikalere Positionen zu vertreten als in der Öffentlichkeit und schließlich reift die Erkenntnis, dass die Lösung des Problems augenscheinlich einfach sei, jedoch von den Politikern aus vermeintlich egoistischen Gründen nicht umgesetzt wird (Pfahl-Traughber 1994a, S. 18 f.).

Ein weiteres zentrales Element der populistischen Rhetorik sind *common sense*-Argumente. Diese sollen die eigenen Forderungen glaubhaft vermitteln und die teilweise bestehenden Widersprüche überbrücken. *Common sense*-Argumenten kommt eine besondere Bedeutung zu, da sie über mangelnde Rationalität oder Logik der eigenen Position hinwegtäuschen können. Sie sind folglich der Ersatz für schlüssige und überprüfbare Argumente. Um noch stärker an die konkreten Alltagserfahrungen der potentiellen Wähler anzuknüpfen, wird zusätzlich mit weit verbreitete Ressentiments und Appellen an den gesunden Menschenverstand gearbeitet. Die Gleichsetzung von privatem und staatlichem Haushalt sowie die von Familie und Nation stellt die Basis vieler *common sense*-Argumente dar und vermittelt einen ersten Eindruck der rhetorischen Strategie von Populisten (Geden 2006, S. 21; Klein 2011, S. 24). Die populistische Logik der Komplexitätsreduktion wird nicht nur bei den *common sense*-Argumenten deutlich, sondern auch in der Sprache der Populisten: Diese ist bewusst einfach gehalten, verschachtelte Sätze und Fremdwörter werden möglichst vermieden. Um die daraus resultierenden, vermeintlich einfachen Lösungsvorschläge glaubhafter erscheinen zu lassen wird das gesamte Weltbild auf Extreme reduziert: schwarz und weiß, Gut und Böse, ehrlich und korrupt. Diese Dichotomie führt wiederum häufig zu provokativen Tabubrüchen[2], im Stil von ‚man wird ja wohl noch sagen dürfen, dass…', die einerseits Aufmerksamkeit generieren und andererseits den Populisten als jemanden darstellen, der sich von der vermeintlich alles beherrschenden ‚*political correctness*' nicht einschüchtern lässt (Decker 2000, S. 52; Fröhlich-Steffen 2006, S. 147; Klein 2011, S. 25; Mastropaolo 2008, S. 34).

---

[1]Eigene Übersetzung.

[2]Zu diesen Tabubrüchen gehören u. a Rückgriffe auf Nationalsozialismus und die Zwischenkriegszeit, wobei sich die rechtspopulistische Partei keinesfalls in dieser Tradition sieht. Diese Rückgriffe sind strategisch geplant, höchst selektiver Natur und dienen der Generierung von medialer und öffentlicher Aufmerksamkeit (Hartleb 2011, S. 24).

Die populistische Rhetorik dient dem Zweck sich von den anderen Parteien abzugrenzen, volksnäher als die anderen zu erscheinen und sich „im Zuge der modernen „Waschmittelwahlkämpfe" […] als „Farbtupfer" zu konturieren" (Hartleb 2005, S. 30, 2011, S. 37). Allerdings müssen nicht alle genannten Charakteristika bei jeder populistischen Partei zwingend auftreten oder gleich intensiv vorhanden sein (Geden 2006, S. 20). Populismus als Kommunikationsstil ist folglich nicht ausschließlich populistischen Parteien vorbehalten. Vielmehr nutzen fast alle Politiker einen rhetorischen Populismus in unterschiedlich starkem Ausmaß.

3.2   Populismus als (dünne) Ideologie

Die nächste Stufe ist die (dünne) populistische Ideologie, die den populistischen Stil um inhaltliche Aspekte ergänzt. Hier muss zunächst darauf hingewiesen werden, dass nicht nur das ‚ob' (Gibt es überhaupt eine populistische Ideologie?) als auch das ‚wie' (Wie gestaltet sich eine solche populistische Ideologie?) umstritten sind (Decker 2000, S. 38; Rensmann 2006, S. 59). So wird darüber diskutiert ob Populismus eine eigenständige Ideologie, wie etwa Konservatismus oder Liberalismus ist, oder nur ein parasitäres Ideologiefragment, welches stets eine ‚Wirtsideologie' benötigt (Klein 2011, S. 17; Lucardie 2011, S. 18). Auch das Konzept eines Populismus als „Ideologie ohne Weltanschauung" (Hartleb 2005, S. 13), das heißt mit starrer ideologischer Form aber sehr flexiblem Inhalt, wird kontrovers diskutiert (Hartleb 2005, S. 13). Die teilweise massiven Gegensätze zwischen dem in Europa vorherrschenden Rechtspopulismus und dem eher in Lateinamerika und Asien anzutreffenden Linkspopulismus sorgen ebenfalls nicht für mehr begriffliche Klarheit (Decker 2013a, S. 26). Da die Spannweite zwischen den verschiedenen populistischen Programmatiken und den unterschiedlichen strukturellen Ausgestaltungen der populistischen Phänomene recht flexibel ist, macht etwa der italienische Politologe Gianfranco Pasquino den Vorschlag, prinzipiell nur noch von den populistischen Ideologien zu sprechen (Pasquino 2008, S. 20).

Zwar hat Pasquino sicherlich nicht ganz Unrecht, allerdings lässt sich regionen- und autorenübergreifend ein Kern der populistischen Ideologie festmachen, welcher aus drei zentralen Thesen besteht:

1. Die Regierung und die Demokratie sind nicht mehr das, was sie mal waren
2. Die Eliten und ‚die Anderen' sind schuld an der aktuellen Misere
3. Das Volk muss wieder ernst genommen werden und seinen Willen – am besten durch den Populisten vertreten – artikulieren (Albertazzi und McDonnell 2008, S. 4 f.).

Streng genommen bilden demnach das Volk und die Elite das absolute Zentrum des populistischen Universums. Das Volk bildet im populistischen Weltbild eine homogene Gemeinschaft, wobei der Volksbegriff stets relativ schwammig bleibt und so einen gewissen Interpretationsraum lässt. Hieraus resultierend hat der Populismus stets eine antipluralistische Tendenz, da die vermeintliche Homogenität des Volkes keinesfalls zu abweichende Meinungen innerhalb der eigenen Gruppe führen könne. Das Volk wird dementsprechend stets klassen- und schichtübergreifend verstanden und besitzt einen einheitlichen Volkswillen. Jegliche Artikulation alternativer Ansichten wird daher als Angriff auf die Einheit des Volkes gewertet (Albertazzi und McDonnell 2008, S. 6; Fröhlich-Steffen 2006, S. 146). Das Volk wird zudem in seiner Gesamtheit romantisch verklärt und ausschließlich als ehrlich, vernünftig, hart arbeitend, anständig und politisch mündig dargestellt (Albertazzi und McDonnell 2008, S. 5; Canovan 1981, S. 261 ff.; Geden 2006, S. 20 f.; Hartleb 2005, S. 11, 16; Klein 2011, S. 20; Spier 2006, S. 37; Puhle 1986, S. 13; Wirth et al. 2016, S. 9 f.). Da das Volk folglich ein einheitlicher Organismus ist, hat er auch eine einheitliche (Volks-)Stimme, die *vox populi* (Mudde 2008a, S. 13; Pehe 2012, S. 93).

In der Denkart der Populisten sollten Politiker in erster Linie das Sprachrohr der *vox populi* sein, jedoch seien die heutigen politischen Eliten egoistisch und erfüllten diese Aufgabe nicht mehr. Vielmehr plünderten und betrögen sie um ihre eigene Macht zu erhalten, weshalb sie für viele soziale und gesellschaftliche Probleme verantwortlich seien und die Volksgemeinschaft langfristig zerstört würden (Canovan 1981, S. 173; Fröhlich-Steffen 2006, S. 146; Geden 2006, S. 21, 43; Jaschke 2012, S. 12 f.; Langenbach und Schellenberg 2011, S. 16; Wirth et al. 2016, S. 9). Selbstverständlich gelte es dies zu verhindern, weshalb der Populist im Namen des Volkes, als dem eigentlichen Souverän, gegen die Elite kämpfen müsse (Fröhlich-Steffen 2006, S. 146; Klein 2011, S. 20; Wirth et al. 2016, S. 9). Der Populismus versteht nicht nur die Politiker als Elite, sondern auch das Finanzsystem, die Großunternehmer und sonstige privilegierte Schichten; Kern dieses diffusen Elitenbegriffs stellen jedoch die etablierten Parteien dar (Hartleb 2011, S. 21, 2014, S. 213; Jaschke 2012, S. 12; Pasquino 2008, S. 20; Spier 2006, S. 38). Diese würden sich insbesondere durch mangelnde Bürgernähe, ein zu hoher Bürokratisierungsgrad und hierarchische Strukturen auszeichnen. Insbesondere letztere würden in jedweder Organisation zur Elitenbildung beitragen und dadurch schließlich Korruption, Vetternwirtschaft und ähnliches fördern (Klein 2011, S. 23; Reuter 2009, S. 39). Dieser Trend habe insbesondere in der Regierung und den etablierten Parteien stattgefunden und dort zu einer regelrechten ‚Oligarchisierung' geführt, weshalb die Interessen des Volkes in der repräsentativen Demokratie nicht mehr berücksichtigt würden (Priester 2007, S. 60 f.).

Gerade deshalb halten Populisten die Einführung von mehr direktdemokratischen Elementen, wie etwa Volksabstimmungen, für zwingend nötig (Albertazzi und McDonnell 2008, S. 5 f.; Decker 2013a, S. 69). Hier offenbart sich die bereits angesprochene Zweiteilung des politischen Weltbildes: Das Volk versinnbildlicht alles ‚Gute' und die politische Elite bildet hierzu den Gegenpol.

Zu den politischen Eliten zählen jedoch nicht nur die Parteien und Politiker der nationalstaatlichen Ebene, sondern auch jene von internationalen Institutionen oder der Europäischen Union. Denn auch diese setzten sich angeblich nicht für die Interessen der ‚kleinen Leute' ein, sondern verträten vielmehr Kapitalisten und Großanleger. Deshalb ist für Populisten ein ausgeprägter Protektionismus, insbesondere in wirtschafts- und sozialpolitischen Fragen, zwingend erforderlich (Grabow und Hartleb 2013, S. 15; Hartleb 2005, S. 3). Stärker noch als die eigene nationale Regierung versinnbildlicht die EU all jene negativen Eigenschaften der politischen Eliten: fehlende Transparenz, mangelnde demokratische Strukturen und immer wieder die überkomplexe Bürokratie (Hartleb 2005, S. 21 ff., 2014, S. 212). Ähnlich wie auch die Globalisierung wird die EU für sinkenden Lohnniveaus und den Verlust des Arbeitsplatzes verantwortlich gemacht (Hartleb 2011, S. 31; Grabow und Hartleb 2013, S. 15). Dementsprechend stellt die EU im populistischen Weltbild nicht nur die am stärksten ausgeprägte Form der politischen Elite dar, sondern gleichzeitig noch ein konkretes Symbol der sonst sehr abstrakten Globalisierung (Decker 2013a, S. 69).

Zwar wurde nun eine Reihe von Eigenschaften genannt, die die populistische Ideologie ausmacht, jedoch resultieren die meisten davon, wie etwa die antielitäre und antibürokratische Haltung, aus der konfrontativen Gegenüberstellung von Volk und Elite (Hartleb 2005, S. 12; Pehe 2012: S. 92; Puhle 1986, S. 13; Rensmann 2006, S. 64). Dementsprechend kann diese als Dreh- und Angelpunkt der populistischen, dünnen Ideologie angesehen werden.

3.3 Rechtspopulismus

Bisher wurde erläutert, was die populistische Rhetorik und was die populistische, dünne Ideologie ausmacht. Jedoch braucht es noch eine ideologisch-programmatische Position um zu einer vollständigen Ideologie zu gelangen.

Da die rechtspopulistische Ideologie auf der populistischen Ideologie basiert und diese schlicht mit weiteren Merkmalen kombiniert, ist die Gegenüberstellung von Volk und Elite auch für Rechtspopulismus relevant. Allerdings mit recht konkreter Volksdefinition: Während im Populismus der Volksbegriff zunächst recht schwammig bleibt (Geden 2006, S. 21, 41; Reuter 2009, S. 36), wohnt dem Rechtspopulismus

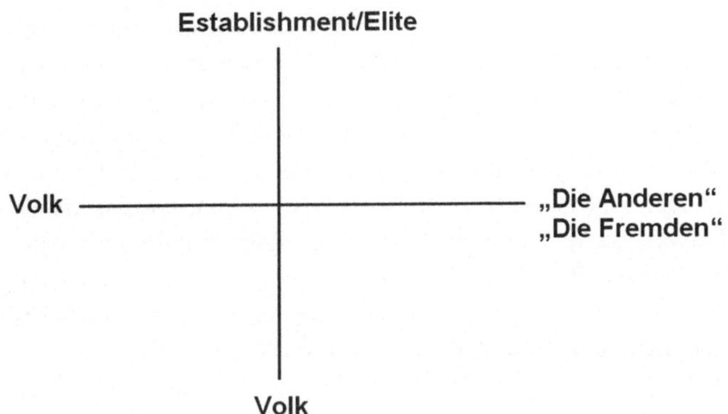

Abb. 3.1 Vertikale und horizontale Abgrenzungsachse des Rechtspopulismus. (Quelle: Klein 2011, S 19)

hierzu eine klare Vorstellung inne: Das Volk meint in diesem Fall nicht die Bürger eines Staates, sondern die Nation, also jene Personen mit einer gemeinsamen Abstammung und einem gemeinsamen Wertekanon[3]. Der Rechtspopulismus versteht das Volk folglich als homogene Gemeinschaft, was durch die gemeinsame Entstehungsgeschichte und Kultur begründet wird (Geden 2006, S. 21; Jaschke 2012, S. 12 f.; Klein 2011, S. 20).

Allerdings kennt der Rechtspopulismus nicht nur die herrschende Elite, als *outgroup,* die der *ingroup,* also dem eigenen Volk, schadet. Auch die ,Anderen/ die Fremden', zumeist Ausländer, Migranten und andere Minderheiten stellten eine Bedrohung dar. Dementsprechend definiert sich der Rechtspopulismus durch die Ergänzung der vertikalen Abgrenzungsachse (,Das Volk vs. die Elite') durch eine horizontale Achse (,Das Volk vs. die Ausländer und Fremden') (s. Abb. 3.1) (Albertazzi und McDonnell 2008, S. 6; Funke 2009, S. 24; Hartleb 2011, S. 21; Klein 2011, S. 19; Wirth et al. 2016, S. 13). Im Rechtspopulismus dient der Volksbegriff daher in erster Linie der Identitätsstiftung und der klaren Abgrenzung von den Eliten und den Ausländern bzw. Immigranten (Geden 2006, S. 21, 41; Reuter 2009, S. 36). Das speziell rechtspopulistische Volksverständnis und die beiden Abgrenzungsachsen des Rechtspopulismus begründen schließlich eine Reihe von weiteren zentralen Elementen der rechtspopulistischen Ideologie – ähnlich wie

---

[3]Im Linkspopulismus wird das Volk dagegen über die Zugehörigkeit zu einer sozialen Schicht, zumeist den Arbeitern, definiert (Diehl 2012, S. 19).

sich aus der Gegenüberstellung von Volk und Elite einige weitere Eigenschaften des Populismus ergeben. Zu diesen weiteren Eigenschaften des Rechtspopulismus zählen eine euroskeptische bis eurofeindliche Einstellung, Ethnopluralismus, ein überhöhtes Sicherheitsbedürfnis und Wirtschafts- und Sozialprotektionismus.

Zwar ist auch der Populismus protektionistisch gesinnt, jedoch stellt sich hier – ähnlich wie beim Volksbegriff – die Frage, wie die eigene Gruppe, die es zu schützen gilt, definiert ist. Während im Populismus lediglich davon ausgegangen wird, dass es eine Wirtschaft und ein Sozialsystem gibt, dass es zu schützen gilt, wird der Rechtspopulismus deutlich konkreter indem er die heimische Wirtschaft und das nationale Sicherungssystem als schützenswert bezeichnet.

Als ‚Ausländer' werden im Rechtspopulismus nicht nur jegliche Personen mit anderer Nationalität verstanden, sondern je nach Land und aktueller Situation Immigranten, Asylsuchende, Angehörige spezieller Religionen, wie etwa des Islams, Migranten der zweiten oder dritten Generation und im eigenen Staat lebende Minderheiten[4]. Dies kann unter anderem mit der dem Populismus innewohnenden Überhöhung der eigenen Kultur erklärt werden: Die Absolutheit der eigenen Traditionen und Gepflogenheiten führt in der Kombination mit Nationalismus zu einer Ablehnung und einem gewissen Unverständnis von jeglichen fremden Sitten und Bräuche (Albertazzi und McDonnell 2008, S. 6; Funke 2009, S. 24; Jaschke 2012, S. 6). In der rechtspopulistischen Logik müsse das Volk sich und seine Werte vor jeglichen fremden Einflüssen schützen, irrelevant ob diese politischer, wirtschaftlicher oder kultureller Natur seien (Reuter 2009, S. 36). Um diesen Aspekt noch stärker zu betonen und noch dringlicher erscheinen zu lassen, schürt er zudem Ressentiments und instrumentalisiert geschickt weit verbreitete Vorurteile (Spier 2006, S. 38, 50 f.).

Der Rechtspopulismus ist daher „tendenziell xenophob [. D]ie jedem Populismus immanente Tendenz zum Ausschluss „der anderen" nimmt im Rechtspopulismus fremden- und ausländerfeindliche Züge an, die potentiell auch rassistisch sind" (Palinka 2002, S. 284). Zwar kann die xenophobe Tendenz des Rechtspopulismus kaum negiert werden, jedoch ist der Rechtspopulismus prinzipiell nicht rassistisch. Rassismus verneint die fundamentale Gleichheit aller Menschen und widerspricht somit den Prinzipien der Rechtsstaatlichkeit und dem westeuropäischen Demokratieverständnis, Rechtspopulismus ist hingegen noch in einem demokratiefreundlichen und rechtsstaatlichen Spektrum angesiedelt (Geden 2006, S. 35; Pelinka 2002, S. 285; Reuter 2009, S. 37). Nichtsdestotrotz instrumentalisieren und dramatisieren

---

[4]Aus diesem Grund ist der Rechtspopulismus auch für separatistische Bestrebungen sehr gut geeignet (Klein 2011, S. 21).

Rechtspopulisten die Migrationsproblematik und stilisieren Muslime und Immigranten zu ihren Feindbildern (Hartleb 2011, S. 30; Reuter 2009, S. 37 ff.). Die Einwanderungsproblematik sei lange Zeit von den Politikern ignoriert worden. Masseneinwanderung und Multikulturalität werden nicht nur als Sündenböcke für innergesellschaftliche Ungerechtigkeiten und Nöte präsentiert, sondern würden auch die nationale Identität, sowie Sicherheit und Wohlstand der eigenen Bevölkerung gefährden (Hartleb 2011, S. 20, 2005, S. 3). In diesem Kontext werden gerne Schlagworte wie ‚Ausländerkriminalität' und ‚Wirtschaftsflüchtlinge' genannt. Ein Großteil der aktuellen Probleme des Wohlfahrtsstaates werden von den rechtspopulistischen Parteien folglich auf die Migration zurückgeführt (Decker 2013a, S. 69; Hartleb 2005, S. 16 f.).

Argumentativ untermauert wird diese Behauptung durch den Verweis auf unterschiedliche Werte- und Kulturgemeinschaften (Ethnopluralismus). Im Gegensatz zum Rassismus impliziert der Ethnopluralismus keine Hierarchie der Rassen, sondern eine Gleichwertigkeit der verschiedenen Gemeinschaften[5]. Diese unterscheiden sich jedoch voneinander in der jeweiligen Tradition, Geschichte und den vorherrschenden Werten, weshalb eine friedliche Existenz nebeneinander einer Durchmischung vorzuziehen sei. Die zunehmende Immigration behindere somit die freie persönliche Entfaltung sowohl der Einheimischen, als auch der Immigranten, führe zunehmend zu einem Gefühl der Entwurzelung und hierdurch wiederum zu steigenden Kriminalitätsraten. Diese Ansicht wird häufig durch die zusätzliche Verwendung von Begriffen wie ‚Identität' „quasi demokratisch" (Klein 2011, S. 21) gestützt und der verstärkte Schutz der eigenen Kultur und der eigenen Kulturgemeinschaft wird hierdurch legitimiert (Bruns et al. 2015, S. 13; Funke 2009, S. 25 ff.; Golder 2003, S. 438; Hübner 2008, S. 12; Klein 2011, S. 21; Salzborn 2014, S. 21).

Zwar wurde bereits erläutert, dass Euroskeptizismus grundsätzlich ein Element der ‚dünnen' populistischen Ideologie darstellt, jedoch kann sie im Rahmen des Rechtspopulismus mit der Ablehnung von Ausländern kombiniert werden. So wird regelmäßig behauptet, dass die EU den Nationalstaat seiner Souveränität

---

[5]Häufig wird allerdings argumentiert, dass auch Ethnopluralismus auf eine Ungleichwertigkeit, also kulturellen Rassismus abziele. In der vorliegenden Arbeit wird dieses Argument jedoch abgelehnt, da das Rassismus-Konzept – welches den Begriff ‚Rasse' bereits beinhaltet – primär auf das biologische Abstammungsprinzip ausgerichtet ist. Während die Volkszugehörigkeit in der rassistischen Denkart folglich unveränderbar ist, kann durch eine gelungene Integration und Anpassung die Volkszugehörigkeit im Sinne des Ethnopluralismus grundsätzlich erreicht werden.

beraube und gleichzeitig mittels EU-Osterweiterung und Personenfreizügigkeit jeglichen ‚Sozialschmarotzern' den Zugang zu den (west-)europäischen Wohlfahrtsstaatsystemen erleichtere (Decker 2013a, S. 69; Hartleb 2005, S. 21–30; Klein 2011, S. 22).

Eng mit der Migrations- und Anti-EU-Diskussion verwoben ist die Anti-Islamismus-Haltung rechtspopulistischer Parteien. Zwar sieht der Rechtspopulismus prinzipiell in jedem Ausländer und Immigranten eine potentielle Bedrohung der heimischen Ordnung und Bevölkerung, aufgrund ihrer – angeblich rückständigen und frauenverachtenden – Kultur ginge von Muslimen jedoch eine besonders große Gefahr aus. Der Rechtspopulismus geht von einer drohenden Islamisierung Europas aus und unterstellt eine konträre Haltung zu den christlich-abendländischen Werten Europas (Hartleb 2005, S. 19). Der religiöse Islam wird folglich stets mit dem fundamentalistischen Islamismus gleichgesetzt.

Aufgrund dieser vermeintlichen Gefährdung der nationalen Identität durch Schengen, Masseneinwanderung und aggressiven Islamismus drehen sich viele der Ansprüche des Rechtspopulismus um den Bereich *law and order* (Hartleb 2005, S. 3; Spier 2006, S. 50 f.). Der Staat solle sich folglich stärker in der Verbrechensbekämpfung engagieren. Ein starker Staat mit starker Polizei und höheren Strafen soll Schutz vor Kriminalität bieten (Hartleb 2005, S. 20; Reuter 2009, S. 77).

Zusammenfassend lässt sich feststellen, dass der Rechtspopulismus sich in erster Linie durch seine zweifache Abgrenzung, also von Volk und Elite auf der einen, und Volk und den ‚Anderen' auf der anderen Seite definieren lässt. Mittels der klaren Abgrenzung des Volkes von den Eliten auf der einen Seite und den Ausländern und sonstigen Randgruppen auf der anderen Seite, präsentiert der Rechtspopulismus der Bevölkerung Prügelknaben, die für jegliche Missstände in der Gesellschaft verantwortlich gemacht werden können (Spier 2006, S. 38). Weitere für den Rechtspopulismus typische Forderungen und Einstellungen lassen sich aus den beiden Abgrenzungsachsen ableiten.

Rechtspopulistische Parteien 4

Rechtspopulistische Parteien sind folglich Parteien, welche die ‚dünne' Ideologie des Populismus mit typisch ‚rechten' Einstellungen und Forderungen verknüpfen. Insofern wird deutlich, dass die Frage nach dem Wesen des (Rechts-)Populismus zwar durchaus diskutierbar ist, sich die Frage, ob es eine rechtspopulistische Parteienfamilie gibt, hingegen erübrigt. Im Folgenden soll daher auf einige zentrale Aspekte der Mitglieder jener Parteifamilie eingegangen werden.

4.1 Organisationsstruktur

Nicht nur Inhalt und Stil, sondern auch die spezifische Ausgestaltung der Organisationsform trägt zu einer rechtspopulistischen Profilbildung bei: Grundsätzlich kennzeichnet rechtspopulistische Parteien ihr ausgeprägter Bewegungscharakter mit losen Strukturen, sowie eine charismatische Führungsfigur an der Spitze[1].

Aufgrund ihrer antielitären Einstellung und ihrer gebetsmühlenartigen Kritik an den etablierten Parteien versuchen rechtspopulistische Parteien sich auch durch ihren Aufbau von herkömmlichen Parteien abzugrenzen. Parteien sind aus Sicht der Populisten Vermittlungsinstanzen, die der Souveränität des Volkes widersprechen, bürokratisch unnötig aufgebläht sind und primär als Karrierechancen für Politiker fungieren. Dementsprechend sei ein Bewegungscharakter

---

[1]Zwar werden diese Merkmale häufig auch im Kontext von populistischen Parteien allgemein genannt, jedoch werden sie her herangezogen um das spezifische Wesen rechtspopulistischer Parteien zu verdeutlichen, da sie sich aufgrund dieser Eigenschaften dennoch von den etablierten Parteien in Europa abheben.

© Springer Fachmedien Wiesbaden GmbH 2017
T. Wolf, *Rechtspopulismus,* essentials,
DOI 10.1007/978-3-658-16971-8_4

vorzuziehen, vermittele er doch den Anschein von Basisdemokratie und ‚grass-root'-Entstehung (Decker 2000, S. 49; Rensmann 2006, S. 67). Hierdurch kann die (rechts-)populistische Anti-Parteien-Haltung möglichst glaubhaft vermittelt werden und der Unterschied zwischen der (rechts-)populistischen Partei und den etablierten Parteien scheint deutlicher (Decker 2006, S. 12; Fröhlich-Steffen 2006, S. 147; Klein 2011, S. 23). Eine populistische Partei ist ständig bemüht, „sich von [...] Konkurrenten auch in organisatorischer Hinsicht zu unterscheiden. Dies kann über eine enge Verbindung mit außerparlamentarisch agierenden Gruppierungen geschehen oder über den Verzicht auf die Selbstbezeichnung als Partei, die durch Begriffe wie Liga, Bund oder Front ersetzt wird" (Geden 2011, S. 21). Da rechtspopulistische Parteien dementsprechend auf viele strukturelle Elemente verzichten, die für parteiförmige Organisationen nicht nur typisch, sondern eigentlich auch äußerst sinnvoll sind – wie etwa Unter- und Vorfeldorganisationen oder einen geordneten Verwaltungsapparat –, benötigen sie eine alternative Festigungs- und Strukturierungsmöglichkeit:

Hierbei handelt es sich meistens um eine charismatische Führungsfigur an der Spitze ihrer Parteihierarchie, die die Partei autoritär lenkt und nach außen hin symbolisiert (Fröhlich-Steffen 2006, S. 147; Geden 2006, S. 21; Klein 2011, S. 23). Der charismatische Anführer einer populistischen Partei muss rhetorisch außerordentlich begabt sein und hat üblicherweise einen Lebenslauf der nicht dem klassischen Bild eines Berufspolitikers entspricht: Häufig ist er[2] Quereinsteiger und instrumentalisiert seine politische Unerfahrenheit um sich als „Anti-Berufspolitiker" (Hartleb 2011, S. 38) zu präsentieren (Hartleb 2011, S. 9, 37 f.; 2014, S. 61; Wirth et al. 2016, S. 12). Allerdings benötigt er nicht nur Charisma um sich medien- und öffentlichkeitswirksam inszenieren zu können, sondern ebenso strategisches Geschick um die Partei möglichst in ein Abhängigkeitsverhältnis von seiner Person zu bringen (Hartleb 2005, S. 5; Reuter 2009, S. 39; Spier 2006, S. 50 f.). Der charismatische Anführer leitet die Partei intern autoritär und präsentiert sich extern als deren Galionsfigur (Decker 2000, S. 27, 106; Fröhlich-Steffen 2006; Hartleb 2014, S. 52; Kohlstruck 2008, S. 222 f.; Mazzoleni 2008, S. 53; Pallaver und Gärtner 2006, S. 108). Die Fähigkeit der Führungsfigur entscheidet über Erfolg oder Misserfolg einer rechtspopulistischen Partei (Spier 2006, S. 37). Hier offenbart sich bereits ein zentraler Widerspruch von populistischen Parteien: Zwar fordern sie stets eine

---

[2]Die Verwendung der maskulinen Form in diesem Kontext ist nicht nur den Regeln der deutschen Grammatik geschuldet; vielmehr ist der charismatische Anführer einer rechtspopulistischen Partei *per se* männlich. Die einzige Ausnahme von dieser Regel bildet Marine Le Pen.

stärkere Mitbestimmung der Bevölkerung in der Politik, jedoch lassen sie in ihren internen Strukturen selbst keine Mitsprache der Mitglieder zu (Klein 2011, S. 23; Mastropaolo 2008, S. 33).

Aufgrund der Bemühungen sich als Anti-Parteien-Partei bzw. als Bewegung zu präsentieren, haben populistische Parteien außerdem einen geringeren Organisationsgrad als die etablierten Parteien: Sie vermeiden die starren und umfassenden Strukturen, den hohen Institutionalisierungsgrad und flachen Hierarchien von traditionellen Parteien oder versuchen sich zumindest diesen Anschein zu geben. Lediglich jene Parteien, die bereits längere Zeit existierten und sich erst später in eine rechtspopulistische Richtung entwickelt haben, weisen eine stärkere Institutionalisierung auf (Decker 2006, S. 17; Hartleb 2011, S. 37; Klein 2011, S. 23). Hierdurch sind populistische Parteien wesentlich flexibler und anpassungsfähiger als ihre etablierten Äquivalente, dies ist jedoch nicht immer von Vorteil: Insbesondere im Falle einer plötzlichen Regierungsbeteiligung oder des Verlustes des Anführers stehen diese Parteien vor kaum zu überbrückenden Problemen, da es ihnen zumeist an erfahrenem und fähigen Personal und Strukturen mangelt (Decker 2006, S. 17; Geden 2006, S. 21 f.).

Aus diesem Grund verschwinden viele rechtspopulistischen Parteien früher oder später von der politischen Bühne oder werden von anderen Parteien absorbiert (Geden 2006, S. 45; Jaschke 2012, S. 13). Eine längerfristige Existenz ist nur dann möglich, wenn das persönliche Charisma irgendwann in offizielles Charisma[3] umgewandelt werden kann. Allerdings handelt es sich hierbei um eine Gratwanderung, da die Partei sich zwar institutionalisieren müsste, jedoch gleichzeitig darauf achten muss, ihren Bewegungscharakter zumindest vordergründig zu behalten. Dies ist jedoch immer noch kein zwingender Erfolgsgarant (Decker 2006, S. 18).

Als zentrale Elemente des parteiförmigen Rechtspopulismus sind daher die wenig ausgeprägten Organisationsstrukturen, ein Mangel an parteiinterner Demokratie und die Notwendigkeit eines charismatischen Anführers[4] zu nennen.

---

[3]Gemeint ist hiermit, dass irgendwann die Partei an sich – unabhängig von der personellen Besetzung – für Wähler attraktiv wird.

[4]Wenn im weiteren Verlauf von einem ‚charismatischen Anführer' gesprochen wird, dann ist nicht nur die rhetorische Begabung des Anführers, sondern auch dessen zentrale Bedeutung für die Partei gemeint.

4.2   Symbiose mit den Medien

Auch die Medien spielen für den populistischen Stil in zweierlei Hinsicht eine entscheidende Rolle: Erstens finden viele Elemente der populistischen Rhetorik in den Medien schon lange Verwendung, sind zum Teil eventuell von diesen übernommen. In der heutigen Gesellschaft fällt den Massenmedien jene Rolle zu, die ursprünglich den Parteien zugedacht war: Die Vermittlerrolle zwischen Politik und Bürgern (Meyer 2006, S. 86 f.; Wirth et al. 2016, S. 26). Diese Rolle füllt sie mittlerweile so gut aus, dass teilweise bereits von einer „Mediokratie" (Meyer 2006, S. 87) die Rede ist. Dies liegt daran, dass die Massenmedien ihre Nachrichten auf eine Art und Weise gestalten müssen, die maximales Publikumsinteresse garantiert. Dementsprechend wird in erster Linie über solche Ereignisse berichten, welche möglichst kurz, verständlich, dramatisch, überraschend und konfliktbehaftet sind. Gleichzeitig wird diese Meldung zusätzlich noch dramatisiert und personifiziert und mittels Wortgefecht und Überspitzung der sozialen Realität wird noch mehr Spannung und dementsprechend auch Aufmerksamkeit und Interesse erzeugt (von Beyme 2013, S. 27; Meyer 2006, S. 82 f.; Wirth et al. 2016, S. 27). Statt Informationsvermittlung betreiben die Medien folglich „Infotainment" (von Beyme 2010, S. 184).

Zweitens bietet der Populismus mit seinen Tabubrüchen, außergewöhnlichen Persönlichkeiten und Emotionalisierungen den Medien bereits Ereignisse mit hohem Nachrichtenwert an und versteht es darüber hinaus sich auch sehr geschickt zu inszenieren: Sowohl gezielte Tabubrüche und Angstmache, als auch positive Selbstinszenierung der Populisten führen zu einer konstanten Berichterstattung und hierdurch wiederum zu einer Verbreitung der populistischen Positionen (Albertazzi und McDonnell 2008, S. 4 f.; Hartleb 2005, S. 5; Mazzoleni 2008, S. 49–55; Pasquino 2008, S. 20; Spier 2006, S. 50 f.; Wirth et al. 2016, S. 27). „[D]er Kommunikationsstil populistischer Akteure [scheint] den massenmedialen Aufmerksamkeitsregeln besonders affin zu sein" (Diehl 2012, S. 16).

Zusätzlich – oder aufgrund – ihrer relativ ähnlichen Funktionslogik, kann bei Populismus und Massenmedien auch deshalb von Symbiose gesprochen werden, weil sie zumeist die gleichen Themen häufig aufgreifen und in den Vordergrund stellen. In diesem Kontext sind insbesondere die rechtspopulistischen *law-and-order*-Forderungen zu nennen, also jene nach härteren Strafen und mehr polizeilicher Präsenz. Die neusten Auswüchse krimineller Machenschaften und der stets mangelhafte Schutz vor diesen, ist grundsätzlich auch ein beliebtes Thema der Medien. Aufgrund seiner Alltagsnähe tangiert diese Angelegenheit die Lebenswelt aller Bürger und aktiviert Grundängste, entspricht damit den Funktionslogiken von (Rechts-)populismus und Medien (Hartleb 2005, S. 20; Reuter 2009, S. 77).

Dementsprechend überschneiden Populismus und Massenmedien sich und erzeugen eine gewisse wechselseitige Abhängigkeit. Darüber hinausgehend scheint es jedoch in der Konsequenz sogar zu einer Art ‚Teufelskreis' zu kommen: Je mehr die Populisten den Aufmerksamkeitsregeln der Massenmedien entsprechen, desto populistischer und dramatischer muss eine Nachricht wiederum sein, damit sie beim Publikum genug Aufmerksamkeit erzeugen kann (Diehl 2012, S. 16).

4.3 Stimmmaximierung und Regierungsbeteiligung

(Rechts-)populistische Parteien streben wie kein anderer Parteientypus nach fortwährender Ämter- und Stimmmaximierung. Um dieses Ziel zu erreichen sind sie nicht nur äußert kompromissbereit, sondern auch bereit Zweckgemeinschaften zu bilden und mit anderen Gruppierungen zusammenzuarbeiten, von denen sie sich Vorteile erhoffen (Geden 2006, S. 46; Kohlstruck 2008, S. 227; Lucardie 2007, S. 66). Man bemüht sich darum weniger eine Ideologie zu folgen als schlicht die Interessen der Wähler möglichst gut abzubilden. Zu diesem Zwecke streben sie nach Mandaten und Regierungsmacht. Dementsprechend kann bei Rechtspopulisten grundsätzlich von Pragmatikern gesprochen werden, die sich weniger einem ‚großen Ganzen' als einzelnen, konkreteren Forderungen verschrieben haben. Ein extremes Gegenstück hierzu wären die ‚Propheten' welche sich ganz auf die Verbreitung ihrer Ideologie fokussieren, wie etwa rechtsextreme Parteien (Lucardie 2007, S. 66; Wolf 2016b, S. 148). Demgemäß sind rechtspopulistische Parteien normalerweise auch realistisch genug, Misserfolge als Misserfolge zu verstehen und sich in der Konsequenz anzupassen um dem Ziel der Stimmmaximierung näher zu kommen (Kohlstruck 2008, S. 227; Wolf 2016b, S. 148).

Sollte die jeweilige Strategie zur Stimmmaximierung aufgehen, dann können rechtspopulistische Parteien früher oder später eine Regierungsbeteiligung erreichen. Zwar arbeitet grundsätzlich jede Partei genau hierauf hin, jedoch birgt die Regierungsverantwortung für Populisten nicht gerade wenige Gefahren. Daher wird die Regierungsbeteiligung auch zumeist als „der sichere Weg die Erfolgssträhne einer rechtspopulistischen Partei zu stoppen" (Klein 2011, S. 37) bezeichnet (Decker 2006, S. 17; Geden 2006, S. 45; Jaschke 2012, S. 13). All jene Charakteristika, die eine rechtspopulistische Partei bekannt machen, werden in der Situation der Regierungsbeteiligung plötzlich zum Nachteil. So steigert der charismatische Anführer zwar grundsätzlich den Bekanntheitsgrad der Partei, doch sorgt er durch seine parteiinterne Dominanz auch dafür, dass kompetente und aussichtsreiche Personen kaum in der Partei verbleiben. Dementsprechend hat eine rechtspopulistische Partei häufig nicht genügend fähige Funktionäre um die neuen Regierungsämter zu besetzen. Mangelnde Eignung führt daher häufig zu dilettantischem Agieren und hat daher einen negativen Einfluss auf das Ansehen der Partei (Bauer 2010, S. 14; Klein 2011, S. 38; Pallaver und Gärtner 2006, S. 108 f.). Trotz etwaigem Dilettantismus erreichen Parteifunktionäre plötzlich deutlich mehr Macht, was wiederum zu internen Konflikten mit dem Anführer der Partei führen kann. Die fehlende Übung bei der Kompromissfindung innerhalb der Partei kann sich darüber hinaus auch durch Konflikte innerhalb der Regierungskoalition offenbaren (Klein 2011, S. 38 f.; Pallaver und Gärtner 2006, S. 116).

Nicht nur die Wesensmerkmale, sondern auch die zentralen Positionen der rechtspopulistischen Parteien bereiten im Falle einer Regierungsbeteiligung Probleme: So ist eine der herausragenden Eigenschaften populistischer Parteien, dass sie ‚nie müde werden' zu betonen, dass grundsätzlich all ihre Forderungen schnell und einfach umzusetzen seien, und die etablierten Parteien schlicht zu faul und inkompetent seien, die notwendigen Maßnahmen zu ergreifen. An der Regierung angekommen, sind die Populisten schließlich in der Pflicht dies auch zu beweisen. Hierbei stoßen sie jedoch zwingend auf institutionelle Beschränkungen und die komplexe und langwierige Realität des Regierens (Klein 2011, S. 39; Pallaver und Gärtner 2006, S. 104). Die konsequenten Anti-Positionen der rechtspopulistischen Parteien funktionieren ausschließlich in der Opposition; „Der Populismus ist dem Wesen nach oppositionell" (Pallaver und Gärtner 2006, S. 116). An der Regierung muss nun plötzlich ein positives Programm formuliert werden, was zumeist unmöglich ist (Bauer 2010, S. 14; Klein 2011, S. 37; Pallaver und Gärtner 2006, S. 112, 116).

Auch die Gegenüberstellung von Volk und Elite und die daraus resultierende Elitenkritik kann nicht mehr den gewünschten Effekt erzielen. Dies liegt daran, dass die rechtspopulistischen Parteien nun mit den etablierten Parteien zusammenarbeiten und Elitenkritik dementsprechend immer auch Selbstkritik wäre. Daher ist es auch kaum mehr möglich, sich selbst als Teil des Volkes zu präsentieren oder glaubwürdig im Namen des Volkes gegen die Elite zu kämpfen (Bauer 2010, S. 14; Klein 2011, S. 39).

Häufig versuchen rechtspopulistische Parteien diese Probleme zu lösen, indem sie ihre oppositionelle Haltung auch in der Regierungsbeteiligung behalten und ihre Strategie weiterhin anwenden. Dieser Widerspruch zwischen Opposition und Regierung, radikaler Bewegung und institutionalisierter Partei ist nicht nur die aussichtsreichste Möglichkeit für Rechtspopulisten längerfristig erfolgreich zu sein, sondern gleichzeitig auch die größte Gefahr, da hierdurch ein immenses Glaubwürdigkeitsproblem entsteht (Klein 2011, S. 41; Pallaver und Gärtner 2006, S. 117).

Fallbeispiele 5

Nachdem nun nicht nur das Konzept des Rechtspopulismus an sich erläutert, sondern auch die zentralen Eigenschaften rechtspopulistischer Parteien ausführlich beschrieben wurden, soll im Folgenden die Theorie an zwei realen Fällen exemplarisch gezeigt werden.

Die westeuropäische Parteienlandschaft kennt eine Vielzahl von rechtspopulistischen Parteien, von denen manche bekannter, andere weniger bekannt, manche erfolgreicher und andere weniger erfolgreich sind. Auch besteht weiterhin Uneinigkeit darüber, welche Parteien den nun eindeutig als rechtspopulistisch zu klassifizieren sind und welche bereits rechtsextreme Tendenzen besitzen.

Aus der Menge der in Frage kommenden Parteien wurden für dieses Buch die niederländische *Partij voor de Vrijheit* (PVV) und die *Alternative für Deutschland* (AfD) ausgesucht. Die PVV stellt den Prototyp einer rechtspopulistischen Partei dar, der all die, in der Theorie genannten, Merkmale aufweist (Bidder et al. 2010, Wolf 2016, S. 155). Die AfD, ihre turbulente Geschichte und ihre schleichende Verschiebung nach rechts, veranschaulichen hingegen sehr deutlich das Missverhältnis von Theorie und Praxis. Dementsprechend bietet sie ein gutes Beispiel für den Umgang mit Parteien, die sich nicht völlig eindeutig einordnen lassen.

5.1 PVV

Die PVV wurde im Februar 2006 von Geert Wilders gegründet (Hübner 2008, S. 85; Klein 2011, S. 52; Lucardie und Voerman 2013, S. 195; Vossen 2011a, S. 179, 184; 2011b, S. 92; 2015, S. 49; Wilp 2012, S. 277, 281). Zuvor war Wilders ab 1998 Abgeordneter der *Volkspartij voor Vrijheid* (VVD) im niederländischen

© Springer Fachmedien Wiesbaden GmbH 2017
T. Wolf, *Rechtspopulismus,* essentials,
DOI 10.1007/978-3-658-16971-8_5

Parlament. Da er – im Gegensatz zur Partei – einem möglichen EU-Beitritt der Türkei ablehnend gegenüberstand, verließ er sie 2004, behielt jedoch sein Mandat. Die folgenden Jahre agierte er unter dem Namen *Groep Wilders* als Ein-Mann-Fraktion. Diese wurde schließlich in *Partij voor de Vrijheid* umbenannt und offiziell registriert (Bauer 2014, S. 95; Eissens und Bronkhorst 2011, S. 137; Hübner 2008, S. 85; van Kessel 2015b, S. 110; Klein 2011, S. 52; Lucardie 2011, S. 24; Vossen 2010, S. 10; 2011a, S. 181 f.). Unmittelbar nach der Gründung trat die PVV bereits erstmals zu den Parlamentswahlen an und wurde mit 5,9% aller Stimmen fünftstärkste Kraft (Bauer 2014, S. 95; Hübner 2008, S. 85; van Kessel 2015b, S. 110; Lucardie 2011, S. 24; Vossen 2010, S. 10; 2011a, S. 179; 2015, S. 48; Wilp 2012, S. 278).

In den nächsten Jahren zog Wilders mittels verschiedener Tabubrüche und spektakulärer Skandale – etwa einem zeitweiligen Einreiseverbot nach Großbritannien wegen ‚Anstiftung zum Hass' immer wieder die öffentliche Aufmerksamkeit auf sich (Bauer 2014, S. 96; Eissens und Bronkhorst 2011, S. 137; van Kessel 2015b, S. 113; Wilp 2012, S. 278). Seiner Beliebtheit tat dies jedoch keinen Abbruch; bei den Europawahlen 2009 gewann er 17% der Stimmen und bei den Parlamentswahlen 2010 15,5% (Bauer 2014, S. 96; de Landtsheer und Kalkhoven 2014, S. 1; Vossen 2011b, S. 78; 2015, S. 48; Wilp 2012, S. 278). Aufgrund Wilders' sofortiger Bereitschaft, gewisse Forderungen aufzugeben, konnte er schließlich unterstützender Partner in einer Minderheitenregierung werden, was Wilders sämtliche Vorteile der Regierungsbeteiligung ohne die dazugehörige Verantwortung bescherte (Bauer 2014, S. 96; Eissens und Bronkhorst 2011, S. 148; van Kessel 2015a, S. 207–212; 2015b, S. 111; Klein 2011, S. 60–64; Lucardie und Voerman 2013, S. 190; Vossen 2011a, S. 179; 2015, S. 48; Wilp 2012, S. 275). Im April 2012 endete die Koalition bereits wieder, da Wilders sich weigerte, neuen nationalen Sparmaßnahmen zuzustimmen (van Kessel 2015a, S. 207–210; 2015b, S. 111–118; Vossen 2015, S. 48). Bei den darauffolgenden Neuwahlen musste die PVV einen Stimmverlust um 5% hinnehmen, welcher vermutlich auch verschiedenen parteiinternen Streitigkeiten geschuldet war (Bauer 2014, S. 96; van Kessel 2015a, S. 207–212; Lucardie und Voerman 2013, S. 190–200; Vossen 2015, S. 48). Seither scheint sich die Partei auf diesem Level einzupendeln; bei den Wahlen zum EU-Parlament erhielt sie 13,2% (van Kessel 2015a, S. 213).

Dreh- und Angelpunkt der programmatischen Ausrichtung der PVV ist der Anti-Islamismus (Vossen 2015, S. 50). Der Islam bzw. der „Islamofaschismus" (Vossen 2010, S. 11) sei eine totalitäre Ideologie und Europa drohe ein „Tsunami der Islamisierung" (de Landtsheer und Kalkhoven 2014, S. 9; Wilp 2012, S. 277). Jegliche andere thematisierten Politikfelder werden mit dem Islam-Thema begründet oder verknüpft (van Kessel 2015b, S. 113). So resultieren beispielsweise die Forderungen aus dem Bereich der Wohlfahrtsstaatlichkeit aus der Behauptung, jegliche Probleme und Diskrepanzen in diesem Bereich seien auf die Masseneinwanderung von Muslimen zurück zu führen (van Kessel 2015a, S. 208; Klein 2011, S. 54; Vossen 2015, S. 50). Grundsätzlich sind für Wilders quasi alle gesellschaftlichen Probleme im Islam und dessen Versuch, Europa zu erobern, begründet (van Kessel 2015a, S. 208f; Vossen 2011a, S. 183 f.; 2015, S. 50; Wilp 2012, S. 277) Des Weiteren hält Wilders den Islam für eine totalitäre Ideologie und den Koran für ein faschistisches Buch, dass genauso wie ‚Mein Kampf' verboten werden sollte (Bauer 2014, S. 96; Eissens und Bronkhorst 2011, S. 139; Klein 2011, S. 56; de Landtsheer und Kalkhoven 2014, S. 1; Vossen 2015, S. 50; Wilp 2012, S. 278).

Das politische Establishment der Niederlande und der EU sowie die etablierten Parteien werden von Wilders ebenfalls regelmäßig kritisiert: Deren Inkompetenz und Egoismus führten dazu, dass das Volk regelmäßig im Stich gelassen werde (van Kessel 2015a, S. 207–212; 2015b, S. 110; Klein 2011, S. 52; Lucardie und Voerman 2013, S. 195; Wolf 2016b, S. 154). Da das Volk selbst am besten wisse, was gut für es ist, fordert Wilders mehr direktdemokratische Elemente wie etwa verbindliche Referenden um die politische Entscheidungsmacht an das Volk zurückzugeben (Klein 2011, S. 53; Lucardie et al. 2011, S. 255; Vossen 2011a, b, S. 185, 96, 2015, S.51). Die staatliche Bürokratie, als weiteres Element des politischen Establishments, zählt ebenfalls zu Wilders bevorzugten Themen: So sollen die staatlichen Bürokratie- und Beamten-Apparate verschlankt und der schwerfällige Wohlfahrtsstaat reduziert werden (Bauer 2014, S. 95 f.; Hübner 2008, S. 85; van Kessel 2015a, S. 208; 2015b, S. 112 Klein 2011, S. 53; Vossen 2010, S. 11, 2011b, S. 82; Wilp 2012, S. 276).

In der Elite erkennt Wilders für die niederländische Gesellschaft eine ähnlich große Gefahr wie im Islam (van Kessel 2015b, S. 118). Diese sei vermeintlich feige und ängstlich und würde das Geld der Steuerzahler für „linke Hobbies wie Entwicklungshilfe" oder zur Unterstützung korrupter Staaten verprassen (Hübner 2008, S. 85; van Kessel 2015a, S. 208 ff.; 2015b, S. 117; Vossen 2010, S. 10 f.). Geschickt verstärkt Wilders des Weiteren das negative Image der politischen Elite, indem er es vom positiven, anständigen und ehrlichen Volk abgrenzt, dessen Vertreter er selbst sei (Klein 2011, S. 55; van Kessel 2015a, S. 208; Wilp 2012, S. 276). Denn die Ausbeutung der Bürger und die EU-weite Umverteilung niederländischer Steuergelder ausschließlich aufgrund der ‚Brüsseler Diktate' sei nicht im Sinne der Bürger (van Kessel 2015a, b, S. 210, 112–117; Klein 2011, S. 53). Weiterhin zeichnet sich die PVV durch eine völlig einzigartige Parteistruktur aus, deren hervorstechendstes Merkmal die Tatsache ist, dass es keine Parteistruktur gibt (de Lange und Art 2011, S. 1236; Lucardie et al. 2011, S. 255; Vossen 2011a, S. 179;). Das einzige tatsächliche Mitglied der Partei ist Wilders selbst, sie ist folglich eine „Ein-Mann-Partei" (Vossen 2010, S. 11). Da die parlamentarischen Abgeordneten dementsprechend keine Mitglieder der Partei sind, werden sie von Wilders persönlich ausgewählt und als Mitarbeiter offiziell angestellt (Klein 2011, S. 52; Lucardie und Voerman 2013, S. 196 f; Vossen 2015, S. 54; Wilp 2012, S. 277). In der Konsequenz haben Parlamentarier keinerlei Einfluss auf das Parteiprogramm und sind strikt weisungsgebunden (Lucardie et al. 2011, S. 255). Mittlerweile tritt ein gewisser Unmut der Funktionäre über Wilders Führungsstil immer deutlicher zutage (Wilp 2012, S. 280).

Gerade, weil Wilders das einzige Mitglied ist, muss er sich nach außen hin konsequent als charismatische Führungsfigur präsentieren (Vossen 2010, S. 10, 2015, S. 55). Der Name Wilders ist zum Synonym für PVV geworden und ihm werden regelmäßig – selbst von seinen politischen Gegnern – eine starke persönliche Anziehungskraft und außergewöhnliche Führungsqualitäten bescheinigt (van Kessel 2015a, S. 213; de Lange und Art 2011, S. 1240). Gleichzeitig ist die parteiinterne Entscheidungsgewalt vollständig in seinen Händen konzentriert (Hübner 2008, S. 85; von Kessel 2015b, S. 110; Wilp 2012, S. 277). Aufgrund seiner absolut(istisch)en Führungsrolle konnte Wilders lange Zeit Skandale und Richtungsstreitigkeiten vermeiden, mittlerweile wird jedoch gerade die mangelnde parteiinterne Demokratie häufig zum Streitanlass (van Kessel 2015a, S. 212; Klein 2011, S. 53; Wilp 2012, S. 277).

Geert Wilders Reden sind stark von populistischen Stilelementen wie *common sense*-Argumente, Tabubrüche, Provokationen, und Emotionalisierung geprägt. Dabei will er weniger den Verstand der Bürger, als vielmehr ihr Bauchgefühl und ihre Ängste ansprechen (Klein 2011, S. 55; de Landtsheer und Kalkhoven 2014, S. 10; Wilp 2012, S. 279). Daher spricht er auch gezielt, diejenigen an, die ohnehin bereits eine mehr oder minder diffuse Unsicherheit mit sich tragen. Seine Statements sind nicht nur simpel, sondern auch schockierend und bringen ihm den Ruf ein, stets das zu sagen, was da Volk denkt (Eissens und Bronkhorst 2011, S. 138; de Landtsheer und Kalkhoven 2014, S. 1; Vossen 2011a, S. 185; Wolf 2016b, S. 154). Zudem gelingt es ihm, alles so einfach und konfrontativ wie möglich darzustellen, indem er eine grundsätzliche Zweiteilung der Welt in ‚gut/böse', ‚wir/die', ‚richtig/falsch' usw. vornimmt. Jegliche Ereignisse oder Forderungen werden innerhalb dieses stark vereinfachten Weltbildes dargestellt (Lucardie und Voerman 2013, S. 193; Wilp 2012, S. 275). Auch seine zunehmend plumpere Sprache und sein unnachahmlicher Stil tragen weiter zur Provokation und damit auch zur Erzeugung von öffentlicher

Aufmerksamkeit bei, So wurden skandalöse Statements[1], die er medial platziert ohne sich anschließend auf eine Diskussion einzulassen mittlerweile zu seinem Markenzeichen. Hierdurch bringt er mit nur minimalem Aufwand mediale Diskussionen über sich, seine Partei und seine Forderungen ins Rollen (Eissens und Bronkhorst 2011, S. 140; Vossen 2011a, S. 185, 2011b, S. 98; Wilp 2012, S. 275–278). Allerdings müssen diese Tabubrüche immer skandalöser inszeniert werden, damit sie trotz des Gewöhnungseffektes immer noch die gewünschte Wirkung entfalten, „In diesem Sinne lässt sich die PVV am besten als Ein-Mann-Orchester begreifen, das immer lauter spielt, damit ihm das Publikum noch zuhört" (Vossen 2015, S. 56).

Zusammenfassend arbeitet die PVV dementsprechend nicht nur die populistische Rhetorik und die konfrontative Gegenüberstellung von Volk und Elite, sondern auch mit der Unterscheidung zwischen dem ‚eigenen Volk' und ‚den Anderen', wobei die Anderen in diesem Falle in erster Linie die Muslime und der Islam sind. Die spezifisch rechtspopulistische Organisationsstruktur ist bei der PVV eindeutig vorhanden bzw. bei lediglich einem einzigen Parteimitglied regelrecht auf die Spitze getrieben. A uch das Zusammenspiel mit den Medien beherrscht Wilders demnach wie kein Zweiter. Gleichzeitig zeigen sich jedoch auch die angesprochenen Probleme rechtspopulistischer Parteien in der Regierungsbeteiligung. Diese hat der PVV zwar sicher nicht das Genick gebrochen, ihr jedoch zunächst deutliche Stimmeinbußen beschert. Grundsätzlich kann daher am Modellcharakter der PVV als rechtspopulistische Partei kein Zweifel bestehen.

5.2 AfD

2012 gründeten drei ehemalige Christdemokraten, Konrad Adam, Alexander Gauland und Bernd Lucke eine politische Aktionsgruppe, namens Wahlalternative 2013, aus welcher später die *Alternative für Deutschland* entstand (Arzheimer 2015, S. 8; Häusler 2013, S. 23, 39; Niedermayer 2015, S. 178). Sie kehrten der CDU den Rücken, da sie mit Angel Merkel unzufrieden waren. Diese hatte am Morgen des 25. März 2010 beteuert, niemals ihre Zustimmung zu Finanzhilfen für Griechenland zu geben und dieses Versprechen am Nachmittag desselben

---

[1]Beispielsweise machte Wilders Muslime für alle Verkehrsstaus in den Niederlanden verantwortlich, oder forderte sie – jedoch in einem anderen Kontext – auf, die Straßen mit Zahnbürsten zu putzen, so wie Juden in Wien 1938 dazu gezwungen wurden die Straßen mit kleinen Bürsten zu reinigen (Eissens und Bronkhorst 2011, S. 138 ff.; Wolf 2016b, S. 154).

Tages bereits gebrochen. In der Gründungsversammlung wurde eine Dreier-spitze, bestehend aus Bernd Lucke, Konrad Adam und Frauke Petry, als Vorstand gewählt. Lucke galt in den Medien jedoch als Personifizierung der AfD. Nur fünf Monate nach der offiziellen Gründung konnte die Partei 4,7% der Wählerstim-men auf sich vereinen und verpasste damit nur äußerst knapp den Einzug in den deutschen Bundestag (Arzheimer 2015, S. 9; Decker 2016, S. 16; Häusler 2013, S. 82; Schmitt-Beck 2014, S. 94). Bei den nachfolgenden Landtagswahlen war die 5% Hürde hingegen kein Hindernis mehr; bei den jüngsten Wahlen erreich-ten sie beachtliche 15,1% in Baden-Württemberg, 24,2% in Sachsen-Anhalt und 20,8% in Mecklenburg-Vorpommern (Fedders 2016, S. 164; Spiegel Online, 14.03.216; Zeit Online, 22.10.2016).

Obwohl die AfD zu Beginn wie eine absolute Erfolgsstory wirkte, hatte sie intern mit einigen Problemen zu kämpfen; So war die Partei mitnichten die Professorenpartei, als die sie sich gerne darstellte, vielmehr war sie ein Sam-melbecken verschiedenster politischer Milieus, was relativ rasch zu internen Streitigkeiten führte. In einigen Landesverbänden der Partei gab es unerwartete Führungswechsel aufgrund von finanziellem, politischen oder personellen Feh-lern. In anderen Fällen, versuchte der Parteivorstand zum Zwecke des persönli-chen Machterhalts, undemokratische Strukturen zu etablieren oder die neuen Parteifunktionäre waren zuvor in rechten Parteien wie etwa *Die Freiheit, PRO NRW* o. ä. tätig (Arzheimer 2015, S. 9; Bebnowski 2016a, S. 2; Häusler 2013, S. 50 ff., 240).

Relativ bald wurde daher klar, dass verschiedene Strömungen in der Partei um Einfluss bzw. die Vorherrschaft kämpften; eine liberale Strömung, um Bernd Lucke, eine konservative Strömung um Alexander Gauland und eine rechtspopu-listische Strömung um Björn Höcke[2] (Arzheimer 2015, S. 9; Bebnowski 2016a, S. 5; Decker 2016, S. 10; Kemper 2016, S. 82). Ende 2014 begann in der AfD ein Führungsstreit auszubrechen, indem es nicht nur um eine grundsätzliche Öffnung bzw. Abgrenzung hin zum rechten Rand oder um den künftigen Einfluss der ein-zelnen Parteiflügel ging, sondern auch um die Frage, welche bzw. wie viele Per-sonen künftig die Parteispitze bilden sollten. Losgetreten wurde diese Diskussion, da mit steigendem Einfluss der rechten Fraktion immer mehr Liberale die AfD verließen. Luckes Versuch, mittels Gründung des parteiinternen Vereins *Weckrufs 2015,* die AfD wieder auf Kurs zu bringen, zementierte die Spaltung lediglich

---

[2]Kellershohn spricht hingegen lediglich von zwei Strömungen zu Beginn: Diejenigen, die die Partei nach. rechts weiter öffnen wollten, und diejenigen, die vor dieser Öffnung gewarnt haben (Kellershohn 2016, S. 184).

(Decker 2016, S. 19 f.; Häusler 2016, S. 240 f.). Seine darauffolgenden Bemühungen, sich als alleinigen Vorsitzenden der Partei wählen zu lassen, scheiterte beim Essener Parteitag im Juni 2015 kläglich mit gerade einmal 38% zu 60% der Stimmen für Frauke Petry. Daraufhin verließen viele weitere liberale Funktionäre und schließlich Lucke selbst die Partei aufgrund ihres massiven Rechtsrucks (Bebnowski 2016b, S. 25; Nocun 2016, S. 4).

Zur Ruhe kommt die AfD deswegen jedoch nicht; 2016 ereignete sich ein weiterer Skandal, als die Baden-Württembergische Parteifraktion sich aufgrund interner Streitigkeiten über die antisemitischen und holocaustrelativierenden Äußerungen des AfD-Abgeordneten Wolfgang Gideon spaltete (tagesschau.de, 6.07.2016). Zwar ist die Fraktion seit Oktober wiedervereinigt, jedoch gilt dieser Disput als Anzeichen für erneute Richtungsstreitigkeiten und einen weiteren Rechtsruck der Partei (Soldt, 21.07.2016; Spiegel Online, 11.10.2016).

Zu Beginn galt die AfD als ‚single-issue-Partei‘, da sie sich fast ausschließlich mit Themen wie der EU und dem Euro beschäftigte und hierbei eindeutig neoliberale – bis hin zu marktradikalen – Positionen vertrat. Erst ab 2014 verschob sich der Fokus der Partei hin zu klassisch rechtspopulistischen Themen wie dem Islam und den Gefahren durch Immigration (Gebhardt 2013, S. 89; Lewandowsky 2016, S. 40 ff.; Nocun 2016, S. 4–15; Schmitt-Beck 2014, S. 96). Die aktuelle Zuwanderung wird prinzipiell als Zuwanderung in das deutsche Sozialsystem verstanden und müsse durch eine Neuregelung der Einwanderung nach kanadischem Vorbild verhindert werden (Bebnowski 2016, S. 8 f.; Fedders 2016, S. 164, 172). Trotz – oder gerade wegen der zunehmenden Islamkritik – erfolgt mittlerweile eine Bemühung um weitere Themen wie Familie und Gleichstellung. Insbesondere die Familie bildet den zentralen Bezugspunkt für die AfD; es gilt „das Überleben des deutschen Volkes" (Bebnowski 2016a, S. 8) u. a. durch eine drei-Kinder-Familie zu sichern. Gleichstellung wird daher als ‚Gleichmacherei‘ und ‚Genderwahn‘ abgelehnt (Bebnowski 2016a, S. 7 ff.; 2016b, S. 31 Kemper 2016, S. 82, 94; Siri 2016, S. 69–75).

Die AfD versteht sich als Vertreter des ‚kleinen Mannes‘ und möchte die Interessen des Volkes gegen die etablierten Parteien verteidigen (Nocun 2016, S. 4; Schmitt-Beck 2014, S. 97). Hierbei grenzt sie das angeblich homogene Volk von den ‚Altparteien‘ und den Berufspolitikern ab (Bebnowski 2016, S. 7, 13; 2016b, S. 27). Die AfD ist dabei – wie der Name bereits vermuten lässt – die Alternative zum vermeintlich alternativlosen politischen Establishment (Bebnowski 2016, S. 36; Decker 2016, S. 11). Indirekt versucht die AfD den Anschein zu erwecken, dass die etablierten Parteien bewiesen hätten, dass sie keine Ahnung von Ökonomie haben und daher nicht angemessen auf die Wirtschaftskrise reagiert haben. Das, unter dieser Inkompetenz leidende Volk, brauche daher die Expertise der

Ökonomen der AfD. Die AfD präsentiert sich hierdurch nicht nur als die Partei vermeintlicher Experten, sondern auch als Gruppe von Outsidern im Vergleich zu den etablierten Berufspolitikern (Bebnowski 2016, S. 14; 2016b, S. 28). Dass die AfD dementsprechend als Partei des „gesunden Menschenverstandes" (Lucke nach Bebnowski 2016, S. 5) das Volk mittels verbindlicher Referenden stärker in politische Entscheide miteinbeziehen will, verwundert daher kaum (Bebnowski 2016, S. 1; 2016b, S. 28; Gebhardt 2013, S. 89 f.).

Zwar wurde Lucke nie müde zu betonen, dass die AfD als ‚Partei neuen Typus' gegründet wurde, jedoch ist sie organisationell gesehen wenig auffällig; Lediglich die Tatsache, dass die AfD viele Unterstützerorganisationen, jedoch keine direkten Vorfeldorganisationen hat, scheint bemerkenswert[3] (Gebhardt 2013, S. 87). Beachtenswert ist zudem, dass Lucke zwar zu Beginn das Gesicht der Partei schlechthin war, jedoch prinzipiell keinen charismatischen Anführer verkörperte. Die aktuelle Führungsriege ist von diesem Nimbus jedoch noch weiter entfernt (Decker 2016, S. 16). Gerade wegen den unterschiedlichen Strömungen und den wiederkehrenden Streitigkeiten ist es schwierig, den rhetorischen Stil der AfD zu definieren und einzuordnen. Eine konstante verbale Abgrenzung des Volkes von den politischen Eliten[4] auf der einen und den Südeuropäern[5] und dem Islam[6] auf der anderen Seite ist jedoch unbestritten. Die Konflikte um die strategische Ausrichtung werden jedoch weiterhin nicht nur bei den wissenschaftlichen Einordnungen der AfD, sondern auch der Partei selbst die größten Schwierigkeiten bereiten (Decker 2016, S. 19).

Die Einordnung der AfD als rechtspopulistisch ist bzw. war nicht immer eindeutig (Decker 2016, S. 10; Gebhart 2013, S. 89). Insbesondere die kurze Existenzdauer, die – bisher – nicht endende schrittweise Verschiebung nach rechts und die unterschiedlichen parteiinternen Flügel erschweren die Analyse. Bei er AfD ist allerdings die Entwicklung ausgesprochen interessant. Wahren sie zu

---

[3]So unterstützt die *Junge Freiheit* zwar die AfD, ist jedoch nicht deren offizielles Parteiorgan. Auch die *Junge Alternative* wird nur in manchen Bundesländern, jedoch nicht auf Bundesebene als die Jugendorganisation der AfD angesehen (Bebnowski 2016a, S. 9; Gebhardt 2013, S. 88; Herkenhoff 2016, S. 201 f.).

[4]„Die politische Klasse Deutschlands hat das Wahlrecht und die Wahlverfahren im Laufe der Zeit immer perfekter ausgenutzt und angepasst, um den Einfluss des Volkes zu minimieren" (AfD 2016, S. 7).

[5]„KEINE DEUTSCHE HAFTUNG FÜR AUSLÄNDISCHE BANKEN" (AfD 2016, S. 14, Großschreibung im Original).

[6]„DER ISLAM GEHÖRT NICHT ZU DEUTSCHLAND" (AfD 2016, S. 34, Großschreibung im Original).

Beginn äußert liberal ausgerichtet, wurde die Partei im Lauf der Zeit zunehmend rechtspopulistisch. Der erste hier zu nennende Meilenstein ist der Führungsstreit und der daraus resultierende Austritt Luckes. Die Diskussionen im vergangenen Sommer in der Baden-Württembergischen Landtagsfraktion legen nahe, dass sie erneut nach rechts gewandert ist. Grundsätzlicher Inhalt und Stil der Partei, also die Konzentration auf einige wenige Themen, gepaart mit der Sprache und der Abneigung gegenüber politischen Eliten und Fremden sind jedoch gleichermaßen zentrale Charakteristika von Rechtspopulismus und AfD. Dementsprechend ist die AfD zwar nicht der Idealtyp einer rechtspopulistischen Partei, an der grundsätzlichen Einordnung als solche, kann hingegen kein Zweifel bestehen.

Rechtspopulisten: Gekommen um zu bleiben?   6

Während die PVV folglich eine rechtspopulistische Partei *par excellance* ist, ist die Einordnung der AfD als solche schon deutlich schwieriger: Vom rhetorischen Stil und die besondere Organisationsstruktur bis hin zum Umgang mit den Medien weist die PVV alle Merkmal auf, welche typisch für rechtspopulistische Parteien sind. Die AfD kann hingegen keine charismatische Führungsfigur aufweisen und auch die Organisationsstruktur scheint nicht explizit rechtspopulistisch. Zwar spielt ihr Auftreten den Medien faktisch in die Hände, jedoch ist fraglich, inwiefern das tatsächlich beabsichtigt ist. Berücksichtigt man zudem, den permanenten Wandel der Partei und ihre äußerst kurze bisherige Existenz, so scheinen die restlichen Eigenschaften der AfD ausreichend, um eine Einordnung als rechtspopulistisch zu rechtfertigen.

Ähnlich verhält es sich mit der theoretischen Diskussion des Populismusbegriffs. Zwar sind bisher „alle Versuche einer generellen Populismustheorie gescheitert" (von Beyme 2015, S. 48), bei den zentralen Charakteristika besteht hingegen Einigkeit. Hierzu zählen der Bezug auf das Volk bei gleichzeitiger Abgrenzung von den herrschenden Eliten, die Verwendung gewisser rhetorischer Stilmittel sowie ein relativ flexibles politisches Programm, welches sich nur auf einige wenige Politikfelder konzentriert. Gerade aufgrund der immer noch bestehenden Uneinigkeit macht es Sinn, nicht all die im theoretischen Teil dieses Buches genannten Kriterien als notwendig zu erachten; vielmehr sollten sie als Indikatoren begriffen werden, welche auf eine rechtspopulistische Prägung einer Partei hinweisen. Je mehr und je ausgeprägter diese vorhanden sind, desto wahrscheinlicher ist eine Partei rechtspopulistisch. Gleichzeitig schließt das Fehlen eines der Kriterien eine Einordnung als rechtspopulistisch nicht völlig aus.

Unabhängig vom Wesen und der Kategorisierung rechtspopulistischer Parteien stellt sich jedoch auch noch die Frage, ob sie zu einer dauerhaften Größe in den

© Springer Fachmedien Wiesbaden GmbH 2017

T. Wolf, *Rechtspopulismus,* essentials,

DOI 10.1007/978-3-658-16971-8_6

europäischen Parteiensystemen werden. Bei der Analyse der Fallbeispiele wurde bereits deutlich, dass rechtspopulistische Parteien mit deutlich mehr Problemen als die Etablierten zu kämpfen haben: So müssen sie immer mehr Skandale liefern um ein konstantes Level medialer Aufmerksamkeit zu erhalten. Zudem kann der autoritäre Führungsstil zu internen Unzufriedenheit und Problemen führen. Gleichwohl scheitern rechtspopulistische Parteien häufig nach dem – unvorhersehbaren – Ausscheiden des Anführers, da sie aufgrund mangelnder Organisationsstrukturen keinen adäquaten Ersatz bieten können. Schließlich ist auch die programmatische Positionierung ein immerwährender Drahtseilakt zwischen zu gemäßigt und zu extrem. All diese Faktoren, die also den Erfolg der meisten rechtspopulistischen Parteien mitbegründet haben, können auch zu deren plötzlichen Scheitern führen.

Allerdings entscheidet nicht nur die parteiinternen, sondern auch die äußeren Umstände über den Erfolg und somit die dauerhafte Etablierung dieser Parteienfamilie: Hierfür wurden schon verschiedenste Gründe genannt (vgl. u. a. Decker 2000; Goodwyn 1978; Spier 2006; Udris 2011), von denen der zentralste sicherlich die Krise der demokratischen Repräsentation ist (Decker 2006, S. 14, 2013, S. 67; Fröhlich-Steffen 2006, S. 147; Ignazi 1995, S. 7; Jun 2006, S. 237): Globalisierung, Internationalisierung und technologische Innovationen machen die Realität und damit auch politisches Agieren zunehmend komplexer und unübersichtlicher. Notwendige Kompromisse, Paketlösungen oder auch nur Konsultationsmechanismen entziehen sich der Kenntnis und auch des Verständnis der Bürger. Diese reagieren mit politischer Entfremdung, da sie den Glauben daran verlieren, dass die Politiker sich für sie, ihre Meinungen, Bedürfnisse und Ängste interessieren. Dieser vermeintliche Kontrollverlust des Bürgers führt zu Unzufriedenheit, Frust und Misstrauen und bietet dementsprechend einen idealen Nährboden für die Forderungen und Behauptungen rechtspopulistischer Parteien. Solange die Politik folglich den Bürgern nicht das Gefühl gibt, ihre Sorgen und Ängste ernst zu nehmen werden rechtspopulistische Parteien wohl stets einen Platz in den Parteiensystemen beanspruchen.

Was Sie aus diesem *essential* mitnehmen können:

- Die ersten bedeutsamen populistischen Organisationen und Bewegungen waren die Narodniki in Russland, die People's Party in den USA und der Perónismus in Argentinien.
- Die drei-stufige Rechtspopulismusdefinition vereint viele unterschiedliche Definitionsvorschläge
- Die PVV ist eine idealtypische rechtspopulistische Partei, die Einordnung der AfD ist hingegen schwieriger
- Solange sich viele Bürger weiterhin nicht ausreichend ernstgenommen fühlen, werden rechtspopulistische Parteien erfolgreich bleiben

© Springer Fachmedien Wiesbaden GmbH 2017
T. Wolf, *Rechtspopulismus,* essentials,
DOI 10.1007/978-3-658-16971-8

Literatur

AfD (2016): Grundsatzprogramm der Alternative für Deutschland – Leitantrag der Bundesprogrammkommission und des Bundesvorstandes, Vorlage zum Bundesparteitag am 30.04.2016/01.05.2016. Online verfügbar auf: https://www.alternativefuer.de/wp-content/uploads/sites/7/2016/03/Leitantrag-Grundsatzprogramm-AfD.pdf zuletzt aufgerufen am 4.11.2016.

Albertazzi, Daniele/McDonnell, Duncan (2008): Introduction: the Sceptre and the Spectre, in: Albertazzi, Daniele/McDonnell, Duncan (Hrsg.): Twenty-First Century Populism – the Spectre of Western European Democracy. New York: PALGRAVE MACMILLAN, S. 1–14.

Bauer, Werner T. (2014): Rechtsextreme und rechtspopulistische Parteien in Europa. ÖGPP. Online verfügbar auf: http://www.politikberatung.or.at/studien/rechtspopulismus/ zuletzt aufgerufen am 4.09.2014.

Bauer, Werner T. (2010): Rechtspopulismus in Europa – Vergängliches Phänomen oder auf dem Weg zum politischen Mainstream? FES Internationale Politikanalyse. Online verfügbar auf: http://library.fes.de/pdf-files/id/ipa/07293.pdf zuletzt aufgerufen am 19.10.2016.

Bebnowski, David (2016a): Die Alternative für Deutschland- Aufstieg und gesellschaftliche Repräsentanz einer rechten populistischen Partei. Wiesbaden: Springer VS.

Bebnowski, David (2016b): ››Gute‹‹ Liberale gegen ››böse‹‹ Rechte? – zum Wettbewerbspopulismus der AfD als Brücke zwischen Wirtschaftsliberalismus und Rechtspopulismus und dem Umgang mit der Partei, in: Häusler, Alexander (Hrsg.): Die Alternative für Deutschland – Programmatik, Entwicklung und politische Verortung. Wiesbaden: Springer VS, S. 25–35.

Von Beyme, Klaus (2013): Von der Postdemokratie zur Neodemokratie. Wiesbaden: Springer VS

Von Beyme, Klaus (2010): Populismus und Rechtsextremismus in postmodernen Parteiensystemen, in: Gehne, David/Spier, Tim (Hrsg.): Krise oder Wandel der Parteiendemokratie? Wiesbaden: VS Verlag für Sozialwissenschaften, S. 177–189.

Bidder, Benjamin/Kazim, Hasnain/Musharbash, Yassin/Peters, Dominik/Puhl, Jan/Schmitz, Gregor Peter/Simons, Stefan/Steinvorth, Daniel/Volkery, Carsten (2010): Die anderen Sarrazins – Provokateure global, SPIEGEL ONLINE, 09.09.2010. Online verfügbar auf: http://www.spiegel.de/politik/deutschland/provokateure-global-die-anderen-sarrazins-a-716117-7.html zuletzt aufgerufen am 19.10.2016.

© Springer Fachmedien Wiesbaden GmbH 2017
T. Wolf, *Rechtspopulismus,* essentials,
DOI 10.1007/978-3-658-16971-8

Bruns, Julian/Glösel, Kathrin/Strobl, Natascha (2015): Rechte Kulturrevolution – Wer und was ist die Neue Rechte von heute? Hamburg: VSA Verlag.

Canovan, Margaret (1981): Populism. New York: Harcourt Brace Javanovich.

Collier, David/Hidalgo, Fernando Daniel/Maciuceanu, Andra Olivia (2006): Essentially contested concepts: Debates and applications. Journal of Political Ideologies, 11(3), S. 211–246.

Conniff, Michael (Hrsg.): Populism in Latin America. Tuscaloosa: the University of Alabama Press.

Decker, Frank (2016): Die »Alternative für Deutschland« aus der vergleichenden Sicht der Parteienforschung, in: Häusler, Alexander (Hrsg.): Die Alternative für Deutschland – Programmatik, Entwicklung und politische Verortung. Wiesbaden: Springer VS, S. 7–24.

Decker, Frank (2013): Die Erfolglosigkeit des parteiförmigen Rechtspopulismus in Deutschland – Bedingungen und Gründe, in: Hirscher, Gerhard/Jesse, Eckhard (Hrsg.): Extremismus in Deutschland- Schwerpunkte, Vergleiche, Perspektiven. Baden-Baden: Nomos Verlag, S. 63–78.

Decker, Frank (2006): Die populistische Herausforderung. Theoretische und ländervergleichende Perspektiven, in: Decker, Frank (Hrsg.): Populismus in Europa – Gefahr für die Demokratie oder nützliches Korrektiv? Wiesbaden: VS Verlag für Sozialwissenschaften, S. 9–32.

Decker, Frank (2000): Parteien unter Druck. Der neue Rechtspopulismus in den westlichen Demokratien. Opladen: Leske + Budrich.

Diehl, Paula (2012): Populismus und Massenmedien, APuZ 6/2012, S. 16–22.

Dubiel, Helmut (1986): Vorwort, in: Dubiel, Helmut (Hrsg.): Populismus und Aufklärung. Frankfurt/Main: Suhrkamp Verlag, S. 7–11.

Eissens, Ronald/Bronkhorst, Suzette (2011): Rechtsextremismus und – populismus in den Niederlanden: Nichts gelernt, in: Langenbacher, Nora/Schellenberg, Britta (Hrsg.): Europa auf dem rechten Weg. FES Projekt gegen Rechtsextremismus S. 131–151.

Fedders, Jonas (2016): die Wahlerfolge der »Alternative für Deutschland« im Kontext rassistischer Hegemoniebestrebungen, in: Häusler, Alexander (Hrsg.): Die Alternative für Deutschland – Programmatik, Entwicklung und politische Verortung. Wiesbaden: Springer VS, S. 163–179.

Fröhlich-Steffen, Susanne (2006): Rechtspopulistische Herausforderer in Konkordanzdemokratien. Erfahrungen aus Österreich, der Schweiz und den Niederlanden, in: Decker, Frank (Hrsg.): Populismus in Europa – Gefahr für die Demokratie oder nützliches Korrektiv? Wiesbaden: VS Verlag für Sozialwissenschaften, S. 144–164.

Funke, Hajo (2009): Rechtsextreme Ideologien, strategische Orientierung und Gewalt, in : Braun, Stephan/Geisler, Alexander/Gerster, Martin (Hrsg.): Strategien der extremen Rechten. Hintergründe – Analysen – Antworten. Wiesbaden: VS Verlag für Sozialwissenschaften, S. 18-17.

Gebhardt, Richard (2013): Eine „Partei neuen Typs"? – Die „Alternative für Deutschland" (AfD) vor den Bundestagswahlen. Forschungsjournal Soziale Bewegungen 3/2013, S. 86–91.

Geden, Oliver (2006): Diskursstrategien im Rechtspopulismus – Freiheitliche Partei Österreichs und Schweizerische Volkspartei zwischen Opposition und Regierungsbeteiligung. Wiesbaden: VS Verlag für Sozialwissenschaften.

Golder, Matt (2003): Explaining Variation in the Success of Extreme Right Parties in Western Europe, in: Comparative Political Studies 36/2003, S. 432–466. Online verfügbar auf: http://scholar.google.de/scholar_url?hl=de&q=https://www.tcd.ie/Political_Science/undergraduate/module-outlines/ss/political-parties/PolP/GolderCPS03.pdf&sa=↖X&scisig=AAGBfm0hCY1J6DcxTiPD8sywArMVNCBrdg&oi=scholarr&ei=-nZHVPj5EobbPZL3geAD&ved=0CCEQgAMoADAA zuletzt aufgerufen am 22.10.2014.

Goodwyn, Lawrence (1978): The Populist Moment – A Short History of the Agrarian Revolt in America. Oxford: Oxford University Press.

Grabow, Karsten/Hartleb, Florian (2013): Europa – Nein Danke? Studie zum Aufstieg rechts- und nationalpopulistischer Parteien in Europa. KAS. Online verfügbar auf: http://www.google.de/url?sa=t&rct=j&q=&esrc=s&source=web&cd=12&ved=0CCgQFjABOAo&url=http%3A%2F%2Fwww.kas.de%2Fwf%2Fdoc%2Fkas_36200-544-1-30.pdf&ei=ZE4IVNnpB8S3O4n4gcgP&usg=AFQjCNHoHpAllfHRP3oRbDffF9LXAoPx9A&sig2=ii7CSSS5PslIlDs3v3LrLw&bvm=bv.74649129,d.ZWU zuletzt aufgerufen am 4.09.2014.

Handelsblatt (7.10.2011): CSU-Rebell Gauweiler – Bundespräsident soll Merkels Euro-Kurs stoppen, online verfügbar auf: http://www.handelsblatt.com/politik/deutschland/csu-rebell-gauweiler-spd-wirft-csu-populismus-vor/4694876-2.html zuletzt aufgerufen am 07.11.2016.

Hartleb, Florian (2014): Internationaler Populismus als Konzept – Zwischen Kommunikationsstil und fester Ideologie. Baden-Baden: Nomos Verlag.

Hartleb, Florian (2011): Nach ihrer Etablierung – Rechtspopulistische Parteien in Europa. Zukunftsforum Politik, KAS. Online verfügbar auf: http://www.kas.de/wf/de/33.22741/ zuletzt aufgerufen am 8.10.2014.

Hartleb, Florian (2005): Rechtspopulistische Parteien. Konrad-Adenauer-Stiftung, online verfügbar auf: http://www.google.de/url?sa=t&rct=j&q=&esrc=s&source=web&cd=1&ved=0CCUQFjAA&url=http%3A%2F%2Fwww.kas.de%2Fwf%2Fdoc%2Fkas_6380-544-1-30.pdf%3F131107151332&ei=-xctVLb4MM_mauXBgagE&usg=AFQjCNEn0cct27G3BlS0Ql4072afMorm4Q&sig2=9a8sjPLTYa4IXZB_-NTuyA&bvm=bv.76477589,d.d2s zuletzt aufgerufen am 2.10.2014.

Häusler (2016): Ausblick, in: Häusler, Alexander (Hrsg.): Die Alternative für Deutschland – Programmatik, Entwicklung und politische Verortung. Wiesbaden: Springer VS, S. 239–245.

Herkenhoff, Anna-Lena (2016): Rechter Nachwuchs für die AfD – die Junge alternative (JA), in: Häusler, Alexander (Hrsg.): Die Alternative für Deutschland – Programmatik, Entwicklung und politische Verortung. Wiesbaden: Springer VS, S. 200–217.

Horrowitz, Joel (1999): Populism and Its Legacies in Argentina, in: Conniff, Michael (Hrsg.): Populism in Latin America. Tuscaloosa: the University of Alabama Press, S. 22–42.

Hübner, Carsten (2008): Rechtsextreme Netzwerke und Parteien in Europa – Eine Bestandsaufnahme vor der Europawahl 2009, GUE/NGL. Online verfügbar auf: http://www.gabi-zimmer.de/uploads/media/2009-01-19_Eurorechte_Netzwerke_-_Studie_-_Finale_Version_05.pdf zuletzt aufgerufen am 14.02.2013.

Ignazi, Piero (1995): The Re-emergence of the Extreme Right in Europe, in: HIS Reihe Politikwissenschaft 21/1995.

Jaschke, Hans-Gerd (2012): Wann ist der rechtspopulistische Moment? Rechtspopulismus: Begriff, Geschichte, Perspektiven, in: Rechtspopulismus in Ostmitteleuropa – Demokratien im Umbruch? Tagungsdokumentation der Heinrich-Böll-Stiftung Brandenburg, S. 12–19. Online verfügbar auf: http://www.boell-brandenburg.de/de/2012/05/12/rechtspopulismus-ostmitteleuropa-demokratien-im-umbruch, zuletzt aufgerufen am 9.10.2014.

Jun, Uwe (2006): Populismus als Regierungsstil in westeuropäischen Parteiendemokratien: Deutschland, Frankreich und Großbritannien, in: Decker, Frank (Hrsg.): Populismus in Europa – Gefahr für die Demokratie oder nützliches Korrektiv? Wiesbaden: VS Verlag für Sozialwissenschaften, S. 233–254.

Kellershohn, Helmut (2016): Risse im Gebälk – flügelkämpfe in der jungkonservativen Neuen Rechten und der AfD, in: Häusler, Alexander (Hrsg.): Die Alternative für Deutschland – Programmatik, Entwicklung und politische Verortung. Wiesbaden: Springer VS, S. 181–200.

Kemper, Andreas (2016): Antiemanzipatorische Netzwerke und die Geschlechter- und Familienpolitik der Alternative für Deutschland, in: Häusler, Alexander (Hrsg.): Die Alternative für Deutschland – Programmatik, Entwicklung und politische Verortung. Wiesbaden: Springer VS, S. 81–98.

van Kessel, Stijn (2015a): Right-wing populism in contemporary Dutch politics, in: Decker, Frank/Henningsen, Bernd/Jakobsen, Kjetil (Hrsg.): Rechtspopulismus und Rechtsextremismus in Europa – Die Herausforderung der Zivilgesellschaft durch alte Ideologien und neue Medien. Baden-Baden: Nomos Verlag, S. 205–216.

van Kessel, Stijn (2015b): Dutch Populism During the Crisis, in: Kriesi, Hanspeter/Pappas, Takis S. (Hrsg.): European Populism in the Shadow of the Great Recession. Colchester: ECPR Press, S. 109–124.

Klein, Tanja (2011): Rechtspopulistische Parteien in Regierungsbildungsprozessen. Die Niederlande, Belgien und Schweden im Vergleich. Welt Trend Thesis. Potsdam Universitätsverlag. http://opus.kobv.de/ubp/volltexte/2012/5770/pdf/wtthesis12.pdf zuletzt aufgerufen am 13.02.2013.

Kohlstruck, Michael (2008): Rechtspopulismus und Rechtsextremismus. Graduelle oder qualitative Unterschiede?, in: Faber, Richard/Unger, Frank (Hrsg.): Populismus in Geschichte und Gegenwart. Würzburg: Königshausen & Neumann, S. 211–228.

Laclau, Ernesto (1978): Politics and Ideology in marxist Theory. London: Verso Editions, 2. Auflg.

Landtsheer, Christ'l/Kalkhoven, Lieuwe (2014): The Imagery of Geert Wilders, Leader of the Duch Freedom Party (PVV) (Paper). IPSA World Congress in Montréal, July 20th-July 24th 2014. Online verfügbar auf: http://paperroom.ipsa.org/papers/paper_33750.pdf last checked on 25.10.2016 zuletzt aufgerufen am 27.09.2016.

de Lange, Sarah/Art, David (2011): Fortuyn versus Wilders: An Agency-Based Approach to Radical Right Party Buidling. West European Politics 6/2011, S. 1229–1249.

Langenbacher, Nora/Schellenberg, Britta (2011): Einleitung: Ein Sammeband zu Erscheinungsformen und Entwicklung der radikalen Rechten in Europa, in: Langenbacher, Nora/Schellenberg, Britta (Hrsg.): Europa auf dem „Rechten" Weg? Rechtsextremismus und Rechtspopulismus in Europa. FES Forum Berlin. Bonn: Bonner Universitäts-Buchdruckerei, S. 11–28.

Lewandowsky, Marcel (2016): Die Verteidigung der Nation: Außen- und europapolitische Positionen der AfD im Spiegel des Rechtspopulismus, in: Häusler, Alexander (Hrsg.): Die Alternative für Deutschland – Programmatik, Entwicklung und politische Verortung. Wiesbaden: Springer VS, S. 39–51.

Link, Jürgen (2008): Diskurstheoretische Überlegungen zur neusten Konjunktur des „Populismus"-Begriffs, in: Faber, Richard/Unger, Frank (Hrsg.): Populismus in Geschichte und Gegenwart. Würzburg: Königshausen & Neumann, S. 17–28.

Lucardie, Paul (2011): Populismus: begiffshistorische und theoretische Bemerkungen, in: Wielenga, Friso/Hartleb, Florian (Hrsg.): Populismus in der modernen Demokratie – Die Niederlande und Deutschland im Vergleich. Münster: Waxmann Verlag, S. 17–37.

Lucardie, Paul (2007): Zur Typologisierung von politischen Parteien, in: Decker, Frank / Neu, Viola (Hrsg.): Handbuch der deutschen Parteien. Wiesbaden: VS Verlag für Sozialwissenschaften, S. 62–78.

Lucardie, Paul, Voerman, Gerrit (2013): Geert Wilders and the Party for Freedom in the Netherlands: A Political Entrepreneur in the Polder, in: Grabow, Karsten/Hartleb, Florian (Hrsg.): Exposing the demagogues – Right-wing and National Populist Parties in Europe. KAS/CES, S. 187–204. Online verfügbar auf: http://www.kas.de/wf/en/33.35420/zuletzt aufgerufen am 19.08.2016.

Lucardie, Paul/Voerman, Gerrit/Wielenga, Friso (2011): Extremismus in den Niederlanden, in: Jesse, Eckhart/Thieme, Tom (Hrsg.) Extremismus in den EU Staaten. Wiesbaden: VS Verlag für Sozialwissenschaften, S. 247–263.

Mastropaolo, Alfio (2008): Politics against Democracy: Party Withdrawal and Populist Breakthorugh, in: Albertazzi, Daniele/McDonnell, Duncan (Hrsg.): Twenty-First Century Populism – the Spectre of Western European Democracy. New York: PALGRAVE MACMILLAN, S. 30–48.

Mazzoleni, Gianpetro (2008): Populism and the Media, in: Albertazzi, Daniele/McDonnell, Duncan (Hrsg.): Twenty-First Century Populism – the Spectre of Western European Democracy. New York: PALGRAVE MACMILLAN, S. 49–64.

Meyer, Thomas (2006): Populismus und Medien, in: Decker, Frank (Hrsg.): Populismus in Europa – Gefahr für die Demokratie oder nützliches Korrektiv? Wiesbaden: VS Verlag für Sozialwissenschaften, S. 81–96.

Mudde, Cas (2008a): Radikale Parteien in Europa. Aus Politik und Zeitgeschichte: 47/2008. S. 15–19.

Mudde, Cas (2004): The Populist Zeitgeist. Government and Opposition 4/2004, S. 542–563.

Nocun, Katharina (2016): Wie sozial ist die AfD wirklich? Eine Expertise zu Positionen in der AfD bei der Sozial- und Steuerpolitik. Heinrich-Böll-Stiftung Sachsen. Online verfügbar auf: https://www.boell.de/sites/default/files/2016-6-wie-sozial-ist-die-afd.pdf zuletzt aufgerufen am 25.10.2016.

Pallaver, Günther/Gärtner, Reinhold (2006): Populistische Parteien an der Regierung – zum Scheitern verdammt? Italien und Österreich im Vergleich, in: Decker, Frank (Hrsg.): Populismus in Europa – Gefahr für die Demokratie oder nützliches Korrektiv? Wiesbaden: VS Verlag für Sozialwissenschaften, S. 99–120.

Pasquino, Gianfranco (2008): Populism and Democracy, in: Albertazzi, Daniele/McDonnell, Duncan (Hrsg.): Twenty-First Century Populism – the Spectre of Western European Democracy. New York: PALGRAVE MACMILLAN, S. 16–29.

Pehe, Jiří (2012): Medien und die Öffentlichkeit im Umgang mit dem Rechtspopulismus, in: Rechtspopulismus in Ostmitteleuropa – Demokratien im Umbruch? Tagungsdokumentation der Heinrich-Böll-Stiftung Brandenburg, S. 92–94.

Pelinka, Anton (2002): Die FPÖ in der vergleichenden Parteienforschung – Zur typologischen Einordnung der Freiheitlichen Partei Österreichs, in: Österreichische Zeitschrift für Politikwissenschaft, 3/2002, S. 281–290.

Pfahl-Traughber, Armin (1994a): Des Volkes Stimme? –Rechtspopulismus in Europa. Bonn: Dietz.

Priester, Karin (2007): Populismus- Historische und aktuelle Erscheinungsformen. Frankfurt/Main: Campus Verlag.

Puhle, Hans-Jürgen (1986): Was ist Populismus?, in: Dubiel, Helmut (Hrsg.): Populismus und Aufklärung. Frankfurt am Main: Suhrkamp Verlag, S. 12–32.

Rensmann, Lars (2006): Populismus und Ideologie, in: Decker, Frank (Hrsg.): Populismus in Europa – Gefahr für die Demokratie oder nützliches Korrektiv? Wiesbaden: VS Verlag für Sozialwissenschaften, S. 59–80.

Reuter, Gerd (2009): Rechtspopulismus in Belgien und den Niederlanden – Unterschiede im niederländischsprachigen Raum. Wiesbaden: VS Verlag für Sozialwissenschaften.

Salzborn, Samuel (2014): Rechtsextremismus. Baden-Baden: Nomos Verlag.

Schmitt-Beck, Rüdiger (2014): Euro-Kritik, wirtschaftspessimismus und Einwanderungsskepsis: Hintergründe des Beinah-Wahlerfolges der Alternative für Deutschland (AfD) bei der bundestagswahl 2013. Zeitschrift für Parlamentsfragen (ZParl), 1/2014, S. 94–112.

Siri, Jasmin (2016): Geschlechterpolitische Positionen der Partei Alternative für Deutschland, in: Häusler, Alexander (Hrsg.): Die Alternative für Deutschland – Programmatik, Entwicklung und politische Verortung. Wiesbaden: Springer VS, S. 69–80.

Soldt, Rüdiger (21.07.2016): AfD in Baden-Württemberg – Meuthen will Spaltung mit dritter Fraktion überwinden, online verfügbar auf: http://www.faz.net/aktuell/politik/inland/afd-in-baden-wuerttemberg-meuthen-will-spaltung-mit-dritter-fraktion-ueberwinden-14351302.html zuletzt aufgerufen am 24.10.2016.

Spiegel Online (11.10.2016): AfD-Wiedervereinigung in Baden-Württemberg – Die Geister vom Titisee. Online verfügbar auf: http://www.spiegel.de/politik/deutschland/afd-baden-wuerttemberg-die-geister-vom-titisee-a-1116174.html zuletzt aufgerufen am 24.10.2016.

Spiegel Online (14.03.2016): Abstimmungen in drei Ländern: Die Ergebnisse der Landtagswahlen im Überblick. Online verfügbar auf: http://www.spiegel.de/politik/deutschland/wahlen-2016-die-ergebnisse-der-landtagswahlen-im-ueberblick-a-1082093.html zuletzt aufgerufen am 31.03.2016.

Spier, Tim (2006): Populismus und Modernisierung, in: Decker, Frank (Hrsg.): Populismus in Europa – Gefahr für die Demokratie oder nützliches Korrektiv? Wiesbaden: VS Verlag für Sozialwissenschaften, S. 33–58.

Stöss, Richard (2014): Der rechte Rand bei den Europawahlen 2014, Arbeitshefte aus dem Otto-Stammer-Zentrum, Nr. 22. Online verfügbar auf: http://www.polsoz.fu-berlin.de/polwiss/forschung/systeme/empsoz/schriften/Arbeitshefte/AHOSZ_22_Europawahlen_2014.pdf zuletzt aufgerufen am 7.11.2016.

SWR Fernsehen (8.09.2016): CSU-Vorlage zur Flüchtlingspolitik – „Liest sich wie eine populistische Wunschliste". Online verfügbar auf: http://www.swr.de/landesschau-aktuell/kommentar-csu-vorlage-zur-fluechtlingspolitik-liest-sich-wie-eine-populistische-wunschliste/-/id=396/did=18099646/nid=396/1nm9pt8/ zuletzt aufgerufen am 07.11.2016.

tagesschau.de (06.07.2016): Streit um Antisemitismus-Vorwürfe – AfD-Politiker Gedeon verlässt die Fraktion. Online verfügbar auf: https://www.tagesschau.de/inland/afd-baden-wuerttemberg-103.html zuletzt aufgerufen am 24.10.2016.

Taggart, Paul (2000): Populism. Buckingham: Open University Press.

Thommen, Lukas (2008): Populus, Plebs und Populares in der römischen Republik, in: Faber, Richard/Unger, Frank (Hrsg.): Populismus in Geschichte und Gegenwart. Würzburg: Königshausen und Neumann, S. 31–42.

De la Torre, Carlos (2015): Introduction: Power to the People? Populism, Insurrections, Democratization, in: de la Torre, Carlos (Hrgs.): The Promise and Perils of Populism – Global Perspectives. Lexington: The University Press of Kentucky, S. 1–28.

Udris, Linards (2011): Politischer Extremismus und Radikalismus. Wiesbaden: VS Verlag für Sozialwissenschaften.

Unger, Frank (2008): Populismus und Demokratie in den Vereinigten Staaten von Amerika, in: Faber, Richard/Unger, Frank (Hrsg.): Populismus in Geschichte und Gegenwart. Würzburg: Königshausen & Neumann, S. 57–77.

Wirth, Werner/Esser, Frank/Wettstein, Martin/Engesser, Sven/Wirz, Dominique/Schulz, Anne/Ernst, Nicole/Büchel, Florin/Caramani, Daniele/Manucci, Luca/Steenbergen, Marco/Bernhard, Laurent/Weber, Edward/Hanggli, Reugla/Dalmus, Caroline/Schemer, Christian (2016): The appeal of populist ideas, strategies and styles: A theoretical model and research design for analyzing populist political communication. Working Paper No. 88, National Centre of Competence in Research, online verfügbar auf: http://www.nccr-democracy.uzh.ch/publications/workingpaper/pdf/wp_88.pdf zuletzt aufgerufen am 10.08.2016.

Vossen, Koen (2015): Das Ein-Mann-Orchester in den Niederlanden: Geert Wilders und die Partei für die Freiheit (PVV), in: Hillebrand, Ernst (Hrsg.): Rechtspopulismus in Europa – Gefahr für die Demokratie? Bonn: Verlag J.H.W. Dietz Nachf., S. 48–58.

Vossen, Koen (2011a): Classifying Wilders: The Ideological Development of Geert Wilders and His Party for Freedom. Politics 31/2011, S. 179–189.

Vossen, Koen (2011b): Vom konservativen Liberalen zum Nationalpopulisten – Die ideologische Entwicklung des Geert Wilders, in: Wielenga, Friso /Hartleb, Florian (Hrsg.): Populismus in der modernen Demokratie – Die Niederlande und Deutschland im Vergleich. Münster: Waxmann, S. 77–104.

Vossen, Koen (2010): Different flavours of populism in the Netherlands. Four case-studies. Paper for the Politicologen Etmaal Leuven, 27. Mai 2010. Online verfügbar auf: https://soc.kuleuven.be/web/files/11/72/W07-15.pdf zuletzt aufgerufen am 08.08.2016.

Weyh, Florian Felix (2014): Gedanken eines zornigen alten Mannes, Deutschlandfunk. Online verfügbar auf: http://www.deutschlandfunk.de/egon-flaig-gedanken-eines-zornigen-alten-mannes.700.de.html?dram:article_id=278589 zuletzt aufgerufen am 07.11.2016.

Wilp, Marcus (2012): Das politische System der Niederlande – Eine Einführung. Wiesbaden: Springer VS.

Wolf, Tanja (2016a): Is the Alternative for Germany Really Right-Wing Populist? Czech Journal of Political Science 2/2016, S. 149–163.

Wolf, Tanja (2016b): Extremist or Populist? Proposing a Set of Criteria to Distinguish Right-Wing Parties in Western Europe, in: Brähler, Elmar/Decker, Oliver/Kiess, Johannes (Hrsg.): Comparative Perspectives on Right-wing Extremism. New York: Rutledge, S. 145–162.

ZEIT ONLINE (22.10.2016): CDU-Landeschef Caffier kündigt Rückzug an, available online: http://www.zeit.de/politik/deutschland/2016-10/lorenz-caffier-mecklenburg-vorpommern-cdu-rueckzug last checked on 24.10.2016.